चालीसा संग्रह

प्रकाशित: डिवाइनभारत

चित्रांकन: सुजाता साहा

ISBN: 978-93-344-1458-5
प्रकाशक: डिवाइनभारत
www.divinebharat.co

अनुक्रमाणिका

प्रस्तावना

'चालीसा' का अर्थ है **चालीस श्लोकों में रचित भक्ति-गीत**, जो विभिन्न देवी-देवताओं की स्तुति और उपासना के लिए रचे गए हैं। ये पद्य न केवल काव्यात्मक हैं बल्कि गहन आध्यात्मिक ऊर्जा से परिपूर्ण भी हैं।

चालीसा का पाठ भक्त को सीधे ईश्वर से जोड़ता है। श्रद्धा से किए गए चालीसा-पाठ से मन शुद्ध होता है, विघ्न-बाधाएँ दूर होती हैं और जीवन में शांति, शक्ति एवं समृद्धि का संचार होता है।

चालीसा पाठ का महत्व इस बात में है कि यह सरल होते हुए भी अत्यंत प्रभावशाली है। चाहे संकट-निवारण और साहस के लिए **हनुमान चालीसा**, शक्ति और कृपा के लिए **दुर्गा चालीसा**, आध्यात्मिक शांति के लिए **शिव चालीसा**, या ऐश्वर्य और धन-समृद्धि के लिए **लक्ष्मी चालीसा** – प्रत्येक चालीसा विशेष फलदायी और कल्याणकारी है।

नियमित पाठ से भक्ति-भाव प्रगाढ़ होता है, आत्मबल बढ़ता है और जीवन में दिव्य अनुभूति होती है।

यह **चालीसा संग्रह** भक्तों को विभिन्न देवताओं के चालीसों श्लोकों का संपूर्ण संकलन प्रदान करता है, जो नित्य पूजा, उपासना और ध्यान के लिए अमूल्य साथी सिद्ध होगा।

श्री गणेश चालीसा

॥ दोहा ॥

जय गणपति सदगुण सदन,
कविवर बदन कृपाल।
विघ्न हरण मंगल करण,
जय जय गिरिजालाल॥

॥ चौपाई ॥

जय जय जय गणपति गणराजू।
मंगल भरण करण शुभः काजू॥
जै गजबदन सदन सुखदाता।
विश्व विनायका बुद्धि विधाता॥

वक्र तुण्ड शुची शुण्ड सुहावना।
तिलक त्रिपुण्ड भाल मन भावन॥
राजत मणि मुक्तन उर माला।
स्वर्ण मुकुट शिर नयन विशाला॥

पुस्तक पाणि कुठार त्रिशूलं।
मोदक भोग सुगन्धित फूलं॥
सुन्दर पीताम्बर तन साजित।
चरण पादुका मुनि मन राजित॥

धनि शिव सुवन षडानन भ्राता।
गौरी लालन विश्व-विख्याता॥
ऋद्धि-सिद्धि तव चंवर सुधारे।
मुषक वाहन सोहत द्वारे॥

कहौ जन्म शुभ कथा तुम्हारी।
अति शुची पावन मंगलकारी॥
एक समय गिरिराज कुमारी।
पुत्र हेतु तप कीन्हा भारी॥

भयो यज्ञ जब पूर्ण अनूपा।
तब पहुंच्यो तुम धरी द्विज रूपा॥
अतिथि जानी के गौरी सुखारी।
बहुविधि सेवा करी तुम्हारी॥

अति प्रसन्न हवै तुम वर दीन्हा।
मातु पुत्र हित जो तप कीन्हा॥
मिलहि पुत्र तुहि, बुद्धि विशाला।
बिना गर्भ धारण यहि काला॥

गणनायक गुण ज्ञान निधाना।
पूजित प्रथम रूप भगवाना॥
अस कही अन्तर्धान रूप हवै।
पालना पर बालक स्वरूप हवै॥

बनि शिशु रुदन जबहिं तुम ठाना।
लखि मुख सुख नहिं गौरी समाना॥
सकल मगन, सुखमंगल गावहिं।
नाभ ते सुरन, सुमन वर्षावहिं॥

शम्भु, उमा, बहुदान लुटावहिं।
सुर मुनिजन, सुत देखन आवहिं॥
लखि अति आनन्द मंगल साजा।
देखन भी आये शनि राजा॥

निज अवगुण गुनि शनि मन माहीं।
बालक, देखन चाहत नाहीं॥
गिरिजा कछु मन भेद बढायो।
उत्सव मोर, न शनि तुही भायो॥

कहत लगे शनि, मन सकुचाई।
का करिहौ, शिशु मोहि दिखाई॥
नहिं विश्वास, उमा उर भयऊ।
शनि सों बालक देखन कहयऊ॥

पदतहिं शनि दृग कोण प्रकाशा।
बालक सिर उड़ि गयो अकाशा॥
गिरिजा गिरी विकल हवै धरणी।
सो दुःख दशा गयो नहीं वरणी॥

हाहाकार मच्यौ कैलाशा।
शनि कीन्हों लखि सुत को नाशा॥
तुरत गरुड़ चढ़ि विष्णु सिधायो।
काटी चक्र सो गज सिर लाये॥

बालक के धड़ ऊपर धारयो।
प्राण मन्त्र पढ़ि शंकर डारयो॥
नाम गणेश शम्भु तब कीन्हे।
प्रथम पूज्य बुद्धि निधि, वर दीन्हे॥

बुद्धि परीक्षा जब शिव कीन्हा।
पृथ्वी कर प्रदक्षिणा लीन्हा॥
चले षडानन, भरमि भुलाई।
रचे बैठ तुम बुद्धि उपाई॥

चरण मातु-पितु के धर लीन्हें।
तिनके सात प्रदक्षिण कीन्हें॥
धनि गणेश कही शिव हिये हरषे।
नभ ते सुरन सुमन बहु बरसे॥

तुम्हरी महिमा बुद्धि बड़ाई।
शेष सहसमुख सके न गाई॥
मैं मतिहीन मलीन दुखारी।
करहूं कौन विधि विनय तुम्हारी॥

भजत रामसुन्दर प्रभुदासा।
जग प्रयाग, ककरा, दुर्वासा॥
अब प्रभु दया दीना पर कीजै।
अपनी शक्ति भक्ति कुछ दीजै॥

॥ दोहा ॥

श्री गणेश यह चालीसा, पाठ करै कर ध्यान।
नित नव मंगल गृह बसै, लहे जगत सन्मान॥

सम्बन्ध अपने सहस्त्र दश, ऋषि पंचमी दिनेश।
पूरण चालीसा भयो, मंगल मूर्ती गणेश॥

शिव चालीसा

॥ दोहा ॥

जय गणेश गिरिजा सुवन, मंगल मूल सुजान।
कहत अयोध्यादास तुम, देहु अभय वरदान॥

॥ चौपाई ॥

जय गिरिजा पति दीन दयाला।
सदा करत सन्तन प्रतिपाला॥
भाल चन्द्रमा सोहत नीके।
कानन कुण्डल नागफनी के॥

अंग गौर शिर गंग बहाये।
मुण्डमाल तन क्षार लगाए॥
वस्त्र खाल बाघम्बर सोहे।
छवि को देखि नाग मन मोहे॥

मैना मातु की हवे दुलारी।
बाम अंग सोहत छवि न्यारी॥
कर त्रिशूल सोहत छवि भारी।
करत सदा शत्रुन क्षयकारी॥

नन्दि गणेश सोहै तहँ कैसे।
सागर मध्य कमल हैं जैसे॥
कार्तिक श्याम और गणराऊ।
या छवि को कहि जात न काऊ॥

देवन जबहीं जाय पुकारा।
तब ही दुख प्रभु आप निवारा॥
किया उपद्रव तारक भारी।
देवन सब मिलि तुमहिं जुहारी॥

तुरत षडानन आप पठायउ।
लवनिमेष महँ मारि गिरायउ॥
आप जलंधर असुर संहारा।
सुयश तुम्हार विदित संसारा॥

त्रिपुरासुर सन युद्ध मचाई।
सबहिं कृपा कर लीन बचाई॥
किया तपहिं भागीरथ भारी।
पुरब प्रतिज्ञा तासु पुरारी॥

दानिन महँ तुम सम कोउ नाहीं।
सेवक स्तुति करत सदाहीं॥
वेद माहि महिमा तुम गाई।
अकथ अनादि भेद नहिं पाई॥

प्रकटी उदधि मंथन में ज्वाला।
जरत सुरासुर भए विहाला॥
कीन्ही दया तहं करी सहाई।
नीलकण्ठ तब नाम कहाई॥

पूजन रामचन्द्र जब कीन्हा।
जीत के लंक विभीषण दीन्हा॥
सहस कमल में हो रहे धारी।
कीन्ह परीक्षा तबहिं पुरारी॥

एक कमल प्रभु राखेउ जोई।
कमल नयन पूजन चहं सोई॥
कठिन भक्ति देखी प्रभु शंकर।
भए प्रसन्न दिए इच्छित वर॥

जय जय जय अनन्त अविनाशी।
करत कृपा सब के घटवासी॥
दुष्ट सकल नित मोहि सतावै।
भ्रमत रहौं मोहि चैन न आवै॥

त्राहि त्राहि मैं नाथ पुकारो।
येहि अवसर मोहि आन उबारो॥
लै त्रिशूल शत्रुन को मारो।
संकट ते मोहि आन उबारो॥

मात-पिता भ्राता सब होई।
संकट में पूछत नहिं कोई॥
स्वामी एक है आस तुम्हारी।
आय हरहु मम संकट भारी॥

धन निर्धन को देत सदा हीं।
जो कोई जांचे सो फल पाहीं॥
अस्तुति केहि विधि करैं तुम्हारी।
क्षमहु नाथ अब चूक हमारी॥

शंकर हो संकट के नाशन।
मंगल कारण विघ्न विनाशन॥
योगी यति मुनि ध्यान लगावैं।
शारद नारद शीश नवावैं॥

नमो नमो जय नमः शिवाय।
सुर ब्रह्मादिक पार न पाय॥
जो यह पाठ करे मन लाई।
ता पर होत है शम्भु सहाई॥

ऋनियां जो कोई हो अधिकारी।
पाठ करे सो पावन हारी॥
पुत्र होन कर इच्छा जोई।
निश्चय शिव प्रसाद तेहि होई॥

पण्डित त्रयोदशी को लावे।
ध्यान पूर्वक होम करावे॥
त्रयोदशी व्रत करै हमेशा।
ताके तन नहीं रहै कलेशा॥

धूप दीप नैवेद्य चढ़ावे।
शंकर सम्मुख पाठ सुनावे॥
जन्म जन्म के पाप नसावे।
अन्त धाम शिवपुर में पावे॥

कहैं अयोध्यादास आस तुम्हारी।
जानि सकल दुःख हरहु हमारी॥

॥ दोहा ॥

नित्त नेम उठि प्रातः ही, पाठ करो चालीसा।
तुम मेरी मनोकामना, पूर्ण करो जगदीश॥

मगसिर छठि हेमन्त ॠतु, संवत चौसठ जान।
स्तुति चालीसा शिवहि, पूर्ण कीन कल्याण॥

हनुमान चालीसा

॥ दोहा ॥

श्री गुरु चरन सरोज रज, निज मनु मुकुर सुधारि।
बरनउं रघुबर विमल जसु, जो दायकु फल चारि॥

बुद्धिहीन तनु जानिकै, सुमिरौं पवन-कुमार।
बल बुद्धि विद्या देहु मोहिं, हरहु कलेश विकार॥

॥ चौपाई ॥

जय हनुमान ज्ञान गुण सागर।
जय कपीस तिहुँ लोक उजागर॥
राम दूत अतुलित बल धामा।
अंजनि-पुत्र पवनसुत नामा॥

महावीर विक्रम बजरंगी।
कुमति निवार सुमति के संगी॥
कंचन बरन बिराज सुवेसा।
कानन कुण्डल कुंचित केसा॥

हाथ वज्र औ ध्वजा बिराजै।
काँधे मूँज जनेऊ साजै॥
शंकर सुवन केसरीनन्दन।
तेज प्रताप महा जग वन्दन॥

विद्यावान गुणी अति चातुर।
राम काज करिबे को आतुर॥
प्रभु चरित्र सुनिबे को रसिया।
राम लखन सीता मन बसिया॥

सूक्ष्म रुप धरि सियहिं दिखावा।
विकट रुप धरि लंक जरावा॥
भीम रुप धरि असुर संहारे।
रामचन्द्र के काज संवारे॥

लाय सजीवन लखन जियाये।
श्रीरघुवीर हरषि उर लाये॥
रघुपति कीन्ही बहुत बड़ाई।
तुम मम प्रिय भरतहि सम भाई॥

सहस बदन तुम्हरो यश गावैं।
अस कहि श्री पति कंठ लगावैं॥
सनकादिक ब्रह्मादि मुनीसा।
नारद सारद सहित अहीसा॥

जम कुबेर दिकपाल जहां ते।
कवि कोबिद कहि सके कहां ते॥
तुम उपकार सुग्रीवहिं कीन्हा।
राम मिलाय राज पद दीन्हा॥

तुम्हरो मन्त्र विभीषन माना।
लंकेश्वर भये सब जग जाना॥
जुग सहस्त्र योजन पर भानू।
लील्यो ताहि मधुर फ़ल जानू॥

प्रभु मुद्रिका मेलि मुख माहीं।
जलधि लांघि गए अचरज नाहीं॥
दुर्गम काज जगत के जेते।
सुगम अनुग्रह तुम्हरे तेते॥

राम दुआरे तुम रखवारे।
होत न आज्ञा बिनु पैसारे॥
सब सुख लहै तुम्हारी सरना।
तुम रक्षक काहू को डरना॥

आपन तेज सम्हारो आपै।
तीनों लोक हांक तें कांपै॥
भूत पिशाच निकट नहिं आवै।
महावीर जब नाम सुनावै॥

नासै रोग हरै सब पीरा।
जपत निरंतर हनुमत बीरा॥
संकट ते हनुमान छुड़ावै।
मन क्रम वचन ध्यान जो लावै॥

सब पर राम तपस्वी राजा।
तिन के काज सकल तुम साजा॥
और मनोरथ जो कोई लावै।
सोइ अमित जीवन फ़ल पावै॥

चारों जुग परताप तुम्हारा।
है परसिद्ध जगत उजियारा॥
साधु सन्त के तुम रखवारे।
असुर निकन्दन राम दुलारे॥

अष्ट सिद्धि नवनिधि के दाता।
अस बर दीन जानकी माता॥
राम रसायन तुम्हरे पासा।
सदा रहो रघुपति के दासा॥

तुम्हरे भजन राम को पावै।
जनम जनम के दुख बिसरावै॥
अन्तकाल रघुबर पुर जाई।
जहाँ जन्म हरि-भक्त कहाई॥

और देवता चित्त न धरई।
हनुमत सेई सर्व सुख करई॥
संकट कटै मिटै सब पीरा।
जो सुमिरै हनुमत बलबीरा॥

जय जय जय हनुमान गोसाईं।
कृपा करहु गुरुदेव की नाईं॥
जो शत बार पाठ कर कोई।
छूटहिं बंदि महा सुख होई॥

जो यह पढ़ै हनुमान चालीसा।
होय सिद्धि साखी गौरीसा॥
तुलसीदास सदा हरि चेरा।
कीजै नाथ हृदय महँ डेरा॥

॥ दोहा ॥

पवनतनय संकट हरन, मंगल मूरति रुप।
राम लखन सीता सहित, हृदय बसहु सुर भूप॥

शनि चालीसा

॥ दोहा ॥

जय गणेश गिरिजा सुवन, मंगल करण कृपाल।
दीनन के दुःख दूर करि, कीजै नाथ निहाल॥
जय जय श्री शनिदेव प्रभु, सुनहु विनय महाराज।
करहु कृपा हे रवि तनय, राखहु जन की लाज॥

॥ चौपाई ॥

जयति जयति शनिदेव दयाला।
करत सदा भक्तन प्रतिपाला॥
चारि भुजा, तनु श्याम विराजै।
माथे रतन मुकुट छवि छाजै॥

परम विशाल मनोहर भाला।
टेढ़ी दृष्टि भृकुटि विकराला॥
कुण्डल श्रवण चमाचम चमके।
हिये माल मुक्तन मणि दमके॥

कर में गदा त्रिशूल कुठारा।
पल बिच करैं अरिहिं संहारा॥
पिंगल, कृष्णों, छाया, नन्दन।
यम, कोणस्थ, रौद्र, दुःख भंजन॥

सौरी, मन्द, शनि, दशनामा।
भानु पुत्र पूजहिं सब कामा॥
जा पर प्रभु प्रसन्न है जाहीं।
रंकहुं राव करैं क्षण माहीं॥

पर्वतहू तृण होई निहारत।
तृणहू को पर्वत करि डारत॥
राज मिलत वन रामहिं दीन्हो।
कैकेइहुं की मति हरि लीन्हो॥

बनहूं में मृग कपट दिखाई।
मातु जानकी गयी चुराई॥
लखनहिं शक्ति विकल करिडारा।
मचिगा दल में हाहाकारा॥

रावण की गति मति बौराई।
रामचन्द्र सों बैर बढ़ाई॥
दियो कीट करि कंचन लंका।
बजि बजरंग बीर की डंका॥

नृप विक्रम पर तुहि पगु धारा।
चित्र मयूर निगलि गै हारा॥
हार नौलाखा लाग्यो चोरी।
हाथ पैर डरवायो तोरी॥

भारी दशा निकृष्ट दिखायो।
तेलिहिं घर कोल्हू चलवायो॥
विनय राग दीपक महँ कीन्हों।
तब प्रसन्न प्रभु है सुख दीन्हों॥

हरिश्चन्द्र नृप नारि बिकानी।
आपहुँ भरे डोम घर पानी॥
तैसे नल पर दशा सिरानी।
भूँजी-मीन कूद गयी पानी॥

श्री शंकरहि गहयो जब जाई।
पार्वती को सती कराई॥
तनिक विलोकत ही करि रीसा।
नभ उड़ि गयो गौरिसुत सीसा॥

पाण्डव पर भै दशा तुम्हारी।
बची द्रोपदी होति उघारी॥
कौरव के भी गति मति मारयो।
युद्ध महाभारत करि डारयो॥

रवि कहं मुख महं धरि तत्काला।
लेकर कूदि परयो पाताला॥
शेष देव-लखि विनती लाई।
रवि को मुख ते दियो छुड़ाई॥

वाहन प्रभु के सात सुजाना।
हय दिग्ज गर्दभ मृग स्वाना॥
जम्बुक सिंह आदि नख धारी।
सो फल ज्योतिष कहत पुकारी॥

गज वाहन लक्ष्मी गृह आवैं।
हय ते सुख सम्पत्ति उपजावै॥
गर्दभ हानि करै बहु काजा।
सिंह सिद्धकर राज समाजा॥

जम्बुक बुद्धि नष्ट कर डारै।
मृग दे कष्ट प्राण संहारै॥
जब आवहिं प्रभु स्वान सवारी।
चोरी आदि होय डर भारी॥

तैसहि चारि चरण यह नामा।
स्वर्ण लौह चाँजी अरु तामा॥
लौह चरण पर जब प्रभु आवैं।
धन जन सम्पत्ति नष्ट करावै॥

समता ताम्र रजत शुभकारी।
स्वर्ण सर्वसुख मंगल कारी॥
जो यह शनि चरित्र नित गावै।
कबहुं न दशा निकृष्ट सतावै॥

अदभुत नाथ दिखावैं लीला।
करैं शत्रु के नशि बलि ढीला॥
जो पण्डित सुयोग्य बुलवाई।
विधिवत शनि ग्रह शान्ति कराई॥

पीपल जल शनि दिवस चढ़ावत।
दीप दान दै बहु सुख पावत॥
कहत राम सुन्दर प्रभु दासा।
शनि सुमिरत सुख होत प्रकाशा॥

॥ दोहा ॥

पाठ शनिश्चर देव को, कीन्हों विमल तैयार।
करत पाठ चालीस दिन, हो भवसागर पार॥

कृष्ण चालीसा

॥ दोहा ॥

बंशी शोभित कर मधुर, नील जलद तन श्याम।
अरुण अधर जनु बिम्बा फल, पिताम्बर शुभ साज॥

जय मनमोहन मदन छवि, कृष्णचन्द्र महाराज।
करहु कृपा हे रवि तनय, राखहु जन की लाज॥

॥ चौपाई ॥

जय यदुनन्दन जय जगवन्दन।
जय वसुदेव देवकी नन्दन॥
जय यशुदा सुत नन्द दुलारे।
जय प्रभु भक्तन के दृग तारे॥

जय नट-नागर नाग नथैया।
कृष्ण कन्हैया धेनु चरैया॥
पुनि नख पर प्रभु गिरिवर धारो।
आओ दीनन कष्ट निवारो॥

वंशी मधुर अधर धरी तेरी।
होवे पूर्ण मनोरथ मेरो॥
आओ हरि पुनि माखन चाखो।
आज लाज भारत की राखो॥

गोल कपोल, चिबुक अरुणारे।
मृदु मुस्कान मोहिनी डारे॥
रंजित राजिव नयन विशाला।
मोर मुकुट वैजयंती माला॥

कुण्डल श्रवण पीतपट आछे।
कटि किंकणी काछन काछे॥
नील जलज सुन्दर तनु सोहे।
छवि लखि, सुर नर मुनिमन मोहे॥

मस्तक तिलक, अलक घुंघराले।
आओ कृष्ण बाँसुरी वाले॥
करि पय पान, पुतनहि तारयो।
अका बका कागासुर मारयो॥

मधुवन जलत अग्नि जब ज्वाला।
भै शीतल, लखितहिं नन्दलाला॥
सुरपति जब ब्रज चढ़यो रिसाई।
मसूर धार वारि वर्षाई॥

लगत-लगत ब्रज चहन बहायो।
गोवर्धन नखधारि बचायो॥
लखि यसुदा मन भ्रम अधिकाई।
मुख महं चौदह भुवन दिखाई॥

दुष्ट कंस अति उधम मचायो।
कोटि कमल जब फूल मंगायो॥
नाथि कालियहिं तब तुम लीन्हें।
चरणचिन्ह दै निर्भय किन्हें॥

करि गोपिन संग रास विलासा।
सबकी पूरण करी अभिलाषा॥
केतिक महा असुर संहारयो।
कंसहि केस पकड़ि दै मारयो॥

मात-पिता की बन्दि छुड़ाई।
उग्रसेन कहं राज दिलाई॥
महि से मृतक छहों सुत लायो।
मातु देवकी शोक मिटायो॥

भौमासुर मुर दैत्य संहारी।
लाये षट दश सहसकुमारी॥
दै भिन्हीं तृण चीर सहारा।
जरासिंधु राक्षस कहं मारा॥

असुर बकासुर आदिक मारयो।
भक्तन के तब कष्ट निवारियो॥
दीन सुदामा के दुःख टारयो।
तंदुल तीन मूंठ मुख डारयो॥

प्रेम के साग विदुर घर मांगे।
दुर्योधन के मेवा त्यागे॥
लखि प्रेम की महिमा भारी।
ऐसे श्याम दीन हितकारी॥

भारत के पारथ रथ हांके।
लिए चक्र कर नहिं बल ताके॥
निज गीता के ज्ञान सुनाये।
भक्तन हृदय सुधा वर्षाये॥

मीरा थी ऐसी मतवाली।
विष पी गई बजाकर ताली॥
राना भेजा सांप पिटारी।
शालिग्राम बने बनवारी॥

निज माया तुम विधिहिं दिखायो।
उर ते संशय सकल मिटायो॥
तब शत निन्दा करी तत्काला।
जीवन मुक्त भयो शिशुपाला॥

जबहिं द्रौपदी टेर लगाई।
दीनानाथ लाज अब जाई॥
तुरतहिं वसन बने नन्दलाला।
बढ़े चीर भै अरि मुँह काला॥

अस नाथ के नाथ कन्हैया।
डूबत भंवर बचावत नैया॥
सुन्दरदास आस उर धारी।
दयादृष्टि कीजै बनवारी॥

नाथ सकल मम कुमति निवारो।
क्षमहु बेगि अपराध हमारो॥
खोलो पट अब दर्शन दीजै।
बोलो कृष्ण कन्हैया की जै॥

॥ दोहा ॥

यह चालीसा कृष्ण का, पाठ करै उर धारि।
अष्ट सिद्धि नवनिधि फल, लहै पदारथ चारि॥

श्री गोपाल चालीसा

॥ दोहा ॥

श्री राधापद कमल रज, सिर धरि यमुना कूल।
वरणो चालीसा सरस, सकल सुमंगल मूल॥

॥ चौपाई ॥

जय जय पूरण ब्रह्म बिहारी।
दुष्ट दलन लीला अवतारी॥
जो कोई तुम्हरी लीला गावै।
बिन श्रम सकल पदारथ पावै॥

श्री वसुदेव देवकी माता।
प्रकट भये संग हलधर भ्राता॥
मथुरा सों प्रभु गोकुल आये।
नन्द भवन में बजत बधाये॥

जो विष देन पूतना आई।
सो मुक्ति दै धाम पठाई॥
तृणावर्त राक्षस संहार्यौ।
पग बढ़ाय सकटासुर मार्यौ॥

खेल खेल में माटी खाई।
मुख में सब जग दियो दिखाई॥
गोपिन घर घर माखन खायो।
जसुमति बाल केलि सुख पायो॥

ऊखल सों निज अंग बँधाई।
यमलार्जुन जड़ योनि छुड़ाई॥
बका असुर की चोंच विदारी।
विकट अघासुर दियो सँहारी॥

ब्रह्मा बालक वत्स चुराये।
मोहन को मोहन हित आये॥
बाल वत्स सब बने मुरारी।
ब्रह्मा विनय करी तब भारी॥

काली नाग नाथि भगवाना।
दावानल को कीन्हों पाना॥
सखन संग खेलत सुख पायो।
श्रीदामा निज कन्ध चढ़ायो॥

चीर हरन करि सीख सिखाई।
नख पर गिरवर लियो उठाई॥
दरश यज्ञ पत्निन को दीन्हों।
राधा प्रेम सुधा सुख लीन्हों॥

नन्दहिं वरुण लोक सों लाये।
ग्वालन को निज लोक दिखाये॥
शरद चन्द्र लखि वेणु बजाई।
अति सुख दीन्हों रास रचाई॥

अजगर सों पितु चरण छुड़ायो।
शंखचूड़ को मूड़ गिरायो॥
हने अरिष्टा सुर अरु केशी।
व्योमासुर मार्यो छल वेषी॥

व्याकुल ब्रज तजि मथुरा आये।
मारि कंस यदुवंश बसाये॥
मात पिता की बन्दि छुड़ाई।
सान्दीपनि गृह विद्या पाई॥

पुनि पठयौ ब्रज ऊधौ ज्ञानी।
प्रेम देखि सुधि सकल भुलानी॥
कीन्हीं कुबरी सुन्दर नारी।
हरि लाये रुक्मिणि सुकुमारी॥

भौमासुर हनि भक्त छुड़ाये।
सुरन जीति सुरतरु महि लाये॥
दन्तवक्र शिशुपाल संहारे।
खग मृग नृग अरु बधिक उधारे॥

दीन सुदामा धनपति कीन्हों।
पारथ रथ सारथि यश लीन्हों॥
गीता ज्ञान सिखावन हारे।
अर्जुन मोह मिटावन हारे॥

केला भक्त बिदुर घर पायो।
युद्ध महाभारत रचवायो॥
द्रुपद सुता को चीर बढ़ायो।
गर्भ परीक्षित जरत बचायो॥

कच्छ मच्छ वाराह अहीशा।
बावन कल्की बुद्धि मुनीशा॥
है नृसिंह प्रह्लाद उबार्यो।
राम रुप धरि रावण मार्यो॥

जय मधु कैटभ दैत्य हनैया।
अम्बरीय प्रिय चक्र धरैया॥
ब्याध अजामिल दीन्हें तारी।
शबरी अरु गणिका सी नारी॥

गरुड़ासन गज फन्द निकन्दन।
देहु दरश ध्रुव नयनानन्दन॥
देहु शुद्ध सन्तन कर सङ्गा।
बाढ़ै प्रेम भक्ति रस रङ्गा॥

देहु दिव्य वृन्दावन बासा।
छूटै मृग तृष्णा जग आशा॥
तुम्हरो ध्यान धरत शिव नारद।
शुक सनकादिक ब्रह्म विशारद॥

जय जय राधारमण कृपाला।
हरण सकल संकट भ्रम जाला॥
बिनसैं बिघन रोग दुःख भारी।
जो सुमरैं जगपति गिरधारी॥

जो सत बार पढ़ै चालीसा।
देहि सकल बाँछित फल शीशा॥

॥ छन्द ॥

गोपाल चालीसा पढ़ै नित, नेम सों चित्त लावई।
सो दिव्य तन धरि अन्त महँ, गोलोक धाम सिधावई॥

संसार सुख सम्पत्ति सकल, जो भक्तजन सन महँ चहैं।
'जयरामदेव' सदैव सो, गुरुदेव दाया सों लहैं॥

॥ दोहा ॥

प्रणत पाल अशरण शरण, करुणा-सिन्धु ब्रजेश।
चालीसा के संग मोहि, अपनावहु प्राणेश॥

श्रीराम चालीसा

॥ चौपाई ॥

श्री रघुबीर भक्त हितकारी।
सुनि लीजै प्रभु अरज हमारी॥
निशि दिन ध्यान धरै जो कोई।
ता सम भक्त और नहीं होई॥

ध्यान धरें शिवजी मन मांही।
ब्रह्मा, इन्द्र पार नहीं पाहीं॥
दूत तुम्हार वीर हनुमाना।
जासु प्रभाव तिहुं पुर जाना॥

जय, जय, जय रघुनाथ कृपाला।
सदा करो संतन प्रतिपाला॥
तुव भुजदण्ड प्रचण्ड कृपाला।
रावण मारि सुरन प्रतिपाला॥

तुम अनाथ के नाथ गोसाईं।
दीनन के हो सदा सहाई॥
ब्रह्मादिक तव पार न पावैं।
सदा ईश तुम्हरो यश गावैं॥

चारिउ भेद भरत हैं साखी।
तुम भक्तन की लज्जा राखी॥
गुण गावत शारद मन माहीं।
सुरपति ताको पार न पाहिं॥

नाम तुम्हार लेत जो कोई।
ता सम धन्य और नहीं होई॥
राम नाम है अपरम्पारा।
चारिहु वेदन जाहि पुकारा॥

गणपति नाम तुम्हारो लीन्हो।
तिनको प्रथम पूज्य तुम कीन्हो॥
शेष रटत नित नाम तुम्हारा।
महि को भार शीश पर धारा॥

फूल समान रहत सो भारा।
पावत कोऊ न तुम्हरो पारा॥
भरत नाम तुम्हरो उर धारो।
तासों कबहूं न रण में हारो॥

नाम शत्रुहन हृदय प्रकाशा।
सुमिरत होत शत्रु कर नाशा॥
लखन तुम्हारे आज्ञाकारी।
सदा करत सन्तन रखवारी॥

ताते रण जीते नहिं कोई।
युद्ध जुरे यमहूं किन होई॥
महालक्ष्मी धर अवतारा।
सब विधि करत पाप को छारा॥

सीता राम पुनीता गायो।
भुवनेश्वरी प्रभाव दिखायो॥
घट सों प्रकट भई सो आई।
जाको देखत चन्द्र लजाई॥

जो तुम्हरे नित पांव पलोटत।
नवो निद्धि चरणन में लोटत॥
सिद्धि अठारह मंगलकारी।
सो तुम पर जावै बलिहारी॥

औरहु जो अनेक प्रभुताई।
सो सीतापति तुमहिं बनाई॥
इच्छा ते कोटिन संसारा।
रचत न लागत पल की बारा॥

जो तुम्हरे चरणन चित लावै।
ताकी मुक्ति अवसि हो जावै॥
सुनहु राम तुम तात हमारे।
तुमहिं भरत कुल पूज्य प्रचारे॥

तुमहिं देव कुल देव हमारे।
तुम गुरु देव प्राण के प्यारे॥
जो कुछ हो सो तुमहिं राजा।
जय जय जय प्रभु राखो लाजा॥

राम आत्मा पोषण हारे।
जय जय जय दशरथ के प्यारे॥
जय जय जय प्रभु ज्योति स्वरुपा।
नर्गुण ब्रह्म अखण्ड अनूपा॥

सत्य सत्य जय सत्यव्रत स्वामी।
सत्य सनातन अन्तर्यामी॥
सत्य भजन तुम्हरो जो गावै।
सो निश्चय चारों फल पावै॥

सत्य शपथ गौरीपति कीन्हीं।
तुमने भक्तिहिं सब सिधि दीन्हीं॥
ज्ञान हृदय दो ज्ञान स्वरुपा।
नमो नमो जय जगपति भूपा॥

धन्य धन्य तुम धन्य प्रतापा।
नाम तुम्हार हरत संतापा॥
सत्य शुद्ध देवन मुख गाया।
बजी दुन्दुभी शंख बजाया॥

सत्य सत्य तुम सत्य सनातन।
तुम ही हो हमरे तन-मन धन॥
याको पाठ करे जो कोई।
ज्ञान प्रकट ताके उर होई॥

आवागमन मिटै तिहि केरा।
सत्य वचन माने शिव मेरा॥
और आस मन में जो होई।
मनवांछित फल पावे सोई॥

तीनहुं काल ध्यान जो ल्यावै।
तुलसी दल अरु फूल चढ़ावै॥
साग पत्र सो भोग लगावै।
सो नर सकल सिद्धता पावै॥

अन्त समय रघुबर पुर जाई।
जहां जन्म हरि भक्त कहाई॥
श्री हरिदास कहै अरु गावै।
सो बैकुण्ठ धाम को पावै॥

॥ दोहा ॥

सात दिवस जो नेम कर, पाठ करे चित लाय।
हरिदास हरि कृपा से, अवसि भक्ति को पाय॥
राम चालीसा जो पढ़े, राम चरण चित लाय।
जो इच्छा मन में करै, सकल सिद्ध हो जाय॥

श्री सूर्य देव चालीसा

॥ दोहा ॥

कनक बदन कुण्डल मकर, मुक्ता माला अङ्ग।
पद्मासन स्थित ध्याइए, शंख चक्र के सङ्ग॥

॥ चौपाई ॥

जय सविता जय जयति दिवाकर!।
सहस्त्रांशु! सप्ताश्व तिमिरहर॥
भानु! पतंग! मरीची! भास्कर!।
सविता हंस! सुनूर विभाकर॥

विवस्वान! आदित्य! विकर्तन।
मार्तण्ड हरिरूप विरोचन॥
अम्बरमणि! खग! रवि कहलाते।
वेद हिरण्यगर्भ कह गाते॥

सहस्त्रांशु प्रद्योतन, कहिकहि।
मुनिगन होत प्रसन्न मोदलहि॥
अरुण सदृश सारथी मनोहर।
हांकत हय साता चढ़ि रथ पर॥

मंडल की महिमा अति न्यारी।
तेज रूप केरी बलिहारी॥
उच्चैःश्रवा सदृश हय जोते।
देखि पुरन्दर लज्जित होते॥

मित्र मरीचि भानु अरुण भास्कर।
सविता सूर्य अर्क खग कलिकर॥
पूषा रवि आदित्य नाम लै।
हिरण्यगर्भाय नमः कहिकै॥

द्वादस नाम प्रेम सों गावैं।
मस्तक बारह बार नवावैं॥
चार पदारथ जन सो पावै।
दुःख दारिद्र अघ पुंज नसावै॥

नमस्कार को चमत्कार यह।
विधि हरिहर को कृपासार यह॥
सेवै भानु तुमहिं मन लाई।
अष्टसिद्धि नवनिधि तेहिं पाई॥

बारह नाम उच्चारन करते।
सहस जनम के पातक टरते॥
उपाख्यान जो करते तवजन।
रिपु सों जमलहते सोतेहि छन॥

धन सुत जुत परिवार बढ़तु है।
प्रबल मोह को फंद कटतु है॥
अर्क शीश को रक्षा करते।
रवि ललाट पर नित्य बिहरते॥

सूर्य नेत्र पर नित्य विराजत।
कर्ण देस पर दिनकर छाजत॥
भानु नासिका वासकरहुनित।
भास्कर करत सदा मुखको हित॥

ओंठ रहैं पर्जन्य हमारे।
रसना बीच तीक्ष्ण बस प्यारे॥
कंठ सुवर्ण रेत की शोभा।
तिग्म तेजसः कांधे लोभा॥

पूषां बाहू मित्र पीठहिं पर।
त्वष्टा वरुण रहत सुउष्णकर॥
युगल हाथ पर रक्षा कारन।
भानुमान उरसर्म सुउदरचन॥

बसत नाभि आदित्य मनोहर।
कटिमंह, रहत मन मुदभर॥
जंघा गोपति सविता बासा।
गुप्त दिवाकर करत हुलासा॥

विवस्वान पद की रखवारी।
बाहर बसते नित तम हारी॥
सहस्त्रांशु सर्वांग सम्हारै।
रक्षा कवच विचित्र विचारे॥

अस जोजन अपने मन माहीं।
भय जगबीच करहुं तेहि नाहीं॥
दद्रु कुष्ठ तेहिं कबहु न व्यापै।
जोजन याको मन मंह जापै॥

अंधकार जग का जो हरता।
नव प्रकाश से आनन्द भरता॥
ग्रह गन ग्रसि न मिटावत जाही।
कोटि बार मैं प्रनवौं ताही॥

मंद सदृश सुत जग में जाके।
धर्मराज सम अद्भुत बांके॥
धन्य-धन्य तुम दिनमनि देवा।
किया करत सुरमुनि नर सेवा॥

भक्ति भावयुत पूर्ण नियम सों।
दूर हटतसो भवके भ्रम सों॥
परम धन्य सों नर तनधारी।
हैं प्रसन्न जेहि पर तम हारी॥

अरुण माघ महं सूर्य फाल्गुन।
मधु वेदांग नाम रवि उदयन॥
भानु उदय बैसाख गिनावै।
ज्येष्ठ इन्द्र आषाढ़ रवि गावै॥

यम भादों आश्विन हिमरेता।
कातिक होत दिवाकर नेता॥
अगहन भिन्न विष्णु हैं पूसहिं।
पुरुष नाम रवि हैं मलमासहिं॥

॥ दोहा ॥

भानु चालीसा प्रेम युत, गावहिं जे नर नित्य।
सुख सम्पत्ति लहि बिबिध, होंहिं सदा कृतकृत्य॥

विष्णु चालीसा

॥ दोहा ॥

विष्णु सुनिए विनय, सेवक की चितलाय।
कीरत कुछ वर्णन करूँ, दीजै ज्ञान बताय॥

॥ चौपाई ॥

नमो विष्णु भगवान खरारी।
कष्ट नशावन अखिल बिहारी॥
प्रबल जगत में शक्ति तुम्हारी।
त्रिभुवन फैल रही उजियारी॥

सुन्दर रूप मनोहर सूरत।
सरल स्वभाव मोहनी मूरत॥
तन पर पीताम्बर अति सोहत।
बैजन्ती माला मन मोहत॥

शंख चक्र कर गदा बिराजे।
देखत दैत्य असुर दल भाजे॥
सत्य धर्म मद लोभ न गाजे।
काम क्रोध मद लोभ न छाजे॥

सन्तभक्त सज्जन मनरंजन।
दनुज असुर दुष्टन दल गंजन॥
सुख उपजाय कष्ट सब भंजन।
दोष मिटाय करत जन सज्जन॥

पाप काट भव सिन्धु उतारण।
कष्ट नाशकर भक्त उबारण॥
करत अनेक रूप प्रभु धारण।
केवल आप भक्ति के कारण॥

धरणि धेनु बन तुमहिं पुकारा।
तब तुम रूप राम का धारा॥
भार उतार असुर दल मारा।
रावण आदिक को संहारा॥

आप वाराह रूप बनाया।
हिरण्याक्ष को मार गिराया॥
धर मत्स्य तन सिन्धु बनाया।
चौदह रतनन को निकलाया॥

अमिलख असुरन द्वन्द मचाया।
रूप मोहनी आप दिखाया॥
देवन को अमृत पान कराया।
असुरन को छबि से बहलाया॥

कूर्म रूप धर सिन्धु मझाया।
मन्द्राचल गिरि तुरत उठाया॥
शंकर का तुम फन्द छुड़ाया।
भस्मासुर को रूप दिखाया॥

वेदन को जब असुर डुबाया।
कर प्रबन्ध उन्हें ढुँढवाया॥
मोहित बनकर खलहि नचाया।
उसही कर से भस्म कराया॥

असुर जलंधर अति बलदाई।
शंकर से उन कीन्ह लड़ाई॥
हार पार शिव सकल बनाई।
कीन सती से छल खल जाई॥

सुमिरन कीन तुम्हें शिवरानी।
बतलाई सब विपत कहानी॥
तब तुम बने मुनीश्वर ज्ञानी।
वृन्दा की सब सुरति भुलानी॥

देखत तीन दनुज शैतानी।
वृन्दा आय तुम्हें लपटानी॥
हो स्पर्श धर्म क्षति मानी।
हना असुर उर शिव शैतानी॥

तुमने धुरू प्रहलाद उबारे।
हिरणाकुश आदिक खल मारे॥
गणिका और अजामिल तारे।
बहुत भक्त भव सिन्धु उतारे॥

हरहु सकल संताप हमारे।
कृपा करहु हरि सिरजन हारे॥
देखहुँ मैं निज दरश तुम्हारे।
दीन बन्धु भक्तन हितकारे॥

चहत आपका सेवक दर्शन।
करहु दया अपनी मधुसूदन॥
जानूं नहीं योग्य जप पूजन।
होय यज्ञ स्तुति अनुमोदन॥

शीलदया सन्तोष सुलक्षण।
विदित नहीं व्रतबोध विलक्षण॥
करहुँ आपका किस विधि पूजन।
कुमति विलोक होत दुख भीषण॥

करहुँ प्रणाम कौन विधिसुमिरण।
कौन भाँति मैं करहुँ समर्पण॥
सुर मुनि करत सदा सिवकाई।
हर्षित रहत परम गति पाई॥

दीन दुखिन पर सदा सहाई।
निज जन जान लेव अपनाई॥
पाप दोष संताप नशाओ।
भव बन्धन से मुक्त कराओ॥

सुत सम्पति दे सुख उपजाओ।
निज चरनन का दास बनाओ॥
निगम सदा ये विनय सुनावै।
पढ़ै सुनै सो जन सुख पावै॥

ब्रह्मा चालीसा

॥ दोहा ॥

जय ब्रह्मा जय स्वयम्भू, चतुरानन सुखमूल।
करहु कृपा निज दास पै, रहहु सदा अनुकूल॥

तुम सृजक ब्रह्माण्ड के, अज विधि घाता नाम।
विश्वविधाता कीजिये, जन पै कृपा ललाम॥

॥ चौपाई ॥

जय जय कमलासान जगमूला।
रहहु सदा जनपै अनुकूला॥
रुप चतुर्भुज परम सुहावन।
तुम्हें अहैं चतुर्दिक आनन॥

रक्तवर्ण तव सुभग शरीरा।
मस्तक जटाजुट गंभीरा॥
ताके ऊपर मुकुट बिराजै।
दाढ़ी श्वेत महाछवि छाजै॥

श्वेतवस्त्र धारे तुम सुन्दर।
है यज्ञोपवीत अति मनहर॥
कानन कुण्डल सुभग बिराजहिं।
गल मोतिन की माला राजहिं॥

चारिहु वेद तुम्हीं प्रगटाये।
दिव्य ज्ञान त्रिभुवनहिं सिखाये॥
ब्रह्मलोक शुभ धाम तुम्हारा।
अखिल भुवन महँ यश बिस्तारा॥

अर्द्धांगिनि तव है सावित्री।
अपर नाम हिये गायत्री॥
सरस्वती तब सुता मनोहर।
वीणा वादिनि सब विधि मुन्दर॥

कमलासन पर रहे बिराजे।
तुम हरिभक्ति साज सब साजे॥
क्षीर सिन्धु सोवत सुरभूपा।
नाभि कमल भो प्रगट अनूपा॥

तेहि पर तुम आसीन कृपाला।
सदा करहु सन्तन प्रतिपाला॥
एक बार की कथा प्रचारी।
तुम कहँ मोह भयेउ मन भारी॥

कमलासन लखि कीन्ह बिचारा।
और न कोउ अहै संसारा॥
तब तुम कमलनाल गहि लीन्हा।
अन्त बिलोकन कर प्रण कीन्हा॥

कोटिक वर्ष गये यहि भांती।
भ्रमत भ्रमत बीते दिन राती॥
पै तुम ताकर अन्त न पाये।
है निराश अतिशय दुःखियाये॥

पुनि बिचार मन महँ यह कीन्हा।
महापघ यह अति प्राचीन॥
याको जन्म भयो को कारन।
तबहीं मोहि करयो यह धारन॥

अखिल भुवन महँ कहँ कोई नाहीं।
सब कुछ अहै निहित मो माहीं॥
यह निश्चय करि गरब बढ़ायो।
निज कहँ ब्रह्म मानि सुखपाये॥

गगन गिरा तब भई गंभीरा।
ब्रह्मा वचन सुनहु धरि धीरा॥
सकल सृष्टि कर स्वामी जोई।
ब्रह्म अनादि अलख है सोई॥

निज इच्छा इन सब निरमाये।
ब्रह्मा विष्णु महेश बनाये॥
सृष्टि लागि प्रगटे त्रयदेवा।
सब जग इनकी करिहै सेवा॥

महापद्म जो तुम्हरो आसन।
ता पै अहै विष्णु को शासन॥
विष्णु नाभितें प्रगट्यो आई।
तुम कहँ सत्य दीन्ह समुझाई॥

भौटहु जाई विष्णु हितमानी।
यह कहि बन्द भई नभवानी॥
ताहि श्रवण कहि अचरज माना।
पुनि चतुरानन कीन्ह पयाना॥

कमल नाल धरि नीचे आवा।
तहां विष्णु के दर्शन पावा॥
शयन करत देखे सुरभूपा।
श्यायमवर्ण तनु परम अनूपा॥

सोहत चतुर्भुजा अतिसुन्दर।
क्रीटमुकट राजत मस्तक पर॥
गल बैजन्ती माल बिराजै।
कोटि सूर्य की शोभा लाजै॥

शंख चक्र अरु गदा मनोहर।
शेष नाग शय्या अति मनहर॥
दिव्यरुप लखि कीन्ह प्रणामू।
हर्षित भे श्रीपति सुख धामू॥

बहु विधि विनय कीन्ह चतुरानन।
तब लक्ष्मी पति कहेउ मुदित मन॥
ब्रह्मा दूरि करहु अभिमाना।
ब्रह्मारुप हम दोउ समाना॥

तीजे श्री शिवशंकर आहीं।
ब्रह्मरुप सब त्रिभुवन मांही॥
तुम सों होई सृष्टि विस्तारा।
हम पालन करिहैं संसारा॥

शिव संहार करहिं सब केरा।
हम तीनहुं कहँ काज धनेरा॥
अगुणरुप श्री ब्रह्मा बखानहु।
निराकार तिनकहँ तुम जानहु॥

हम साकार रुप त्रयदेवा।
करिहैं सदा ब्रह्म की सेवा॥
यह सुनि ब्रह्मा परम सिहाये।
परब्रह्म के यश अति गाये॥

सो सब विदित वेद के नामा।
मुक्ति रुप सो परम ललामा॥
यहि विधि प्रभु भो जनम तुम्हारा।
पुनि तुम प्रगट कीन्ह संसारा॥

नाम पितामह सुन्दर पायेउ।
जड़ चेतन सब कहँ निरमायेउ॥
लीन्ह अनेक बार अवतारा।
सुन्दर सुयश जगत विस्तारा॥

देवदनुज सब तुम कहँ ध्यावहिं।
मनवांछित तुम सन सब पावहिं॥
जो कोउ ध्यान धरै नर नारी।
ताकी आस पुजावहु सारी॥

पुष्कर तीर्थ परम सुखदाई।
तहँ तुम बसहु सदा सुरराई॥
कुण्ड नहाइ करहिं जो पूजन।
ता कर दूर होई सब दूषण॥

श्री बटुक भैरव चालीसा

॥ दोहा ॥

विश्वनाथ को सुमिर मन, धर गणेश का ध्यान।
भैरव चालीसा रचूं, कृपा करहु भगवान॥

बटुकनाथ भैरव भजू, श्री काली के लाल।
छीतरमल पर कर कृपा, काशी के कुतवाल॥

॥ चौपाई ॥

जय जय श्रीकाली के लाला।
रहो दास पर सदा दयाला॥
भैरव भीषण भीम कपाली।
क्रोधवन्त लोचन में लाली॥

कर त्रिशूल है कठिन कराला।
गल में प्रभु मुण्डन की माला॥
कृष्ण रूप तन वर्ण विशाला।
पीकर मद रहता मतवाला॥

रुद्र बटुक भक्तन के संगी।
प्रेत नाथ भूतेश भुजंगी॥
त्रैलतेश है नाम तुम्हारा।
चक्र तुण्ड अमरेश पियारा॥

शेखरचंद्र कपाल बिराजे।
स्वान सवारी पै प्रभु गाजे॥
शिव नकुलेश चण्ड हो स्वामी।
बैजनाथ प्रभु नमो नमामी॥

अश्वनाथ क्रोधेश बखाने।
भैरों काल जगत ने जाने॥
गायत्री कहैं निमिष दिगम्बर।
जगन्नाथ उन्नत आडम्बर॥

क्षेत्रपाल दसपाण कहाये।
मंजुल उमानन्द कहलाये॥
चक्रनाथ भक्तन हितकारी।
कहैं त्र्यम्बक सब नर नारी॥

संहारक सुनन्द तव नामा।
करहु भक्त के पूरण कामा॥
नाथ पिशाचन के हो प्यारे।
संकट मेटहु सकल हमारे॥

कृत्यायु सुन्दर आनन्दा।
भक्त जनन के काटहु फन्दा॥
कारण लम्ब आप भय भंजन।
नमोनाथ जय जनमन रंजन॥

हो तुम देव त्रिलोचन नाथा।
भक्त चरण में नावत माथा॥
त्वं अशतांग रुद्र के लाला।
महाकाल कालों के काला॥

ताप विमोचन अरि दल नासा।
भाल चन्द्रमा करहि प्रकाशा॥
श्वेत काल अरु लाल शरीरा।
मस्तक मुकुट शीश पर चीरा॥

काली के लाला बलधारी।
कहाँ तक शोभा कहूँ तुम्हारी॥
शंकर के अवतार कृपाला।
रहो चकाचक पी मद प्याला॥

शंकर के अवतार कृपाला।
बटुक नाथ चेटक दिखलाओ॥
रवि के दिन जन भोग लगावें।
धूप दीप नैवेद्य चढ़ावें॥

दरशन करके भक्त सिहावें।
दारुड़ा की धार पिलावें॥
मठ में सुन्दर लटकत झावा।
सिद्ध कार्य कर भैरों बाबा॥

नाथ आपका यश नहीं थोड़ा।
करमें सुभग सुशोभित कोड़ा॥
कटि घूँघरा सुरीले बाजत।
कंचनमय सिंहासन राजत॥

नर नारी सब तुमको ध्यावहिं।
मनवांछित इच्छाफल पावहिं॥
भोपा हैं आपके पुजारी।
करें आरती सेवा भारी॥

भैरव भात आपका गाऊँ।
बार बार पद शीश नवाऊँ॥
आपहि वारे छीजन धाये।
ऐलादी ने रूदन मचाये॥

बहन त्यागि भाई कहाँ जावे।
तो बिन को मोहि भात पिन्हावे॥
रोये बटुक नाथ करुणा कर।
गये हिवारे मैं तुम जाकर॥

दुखित भई ऐलादी बाला।
तब हर का सिंहासन हाला॥
समय व्याह का जिस दिन आया।
प्रभु ने तुमको तुरत पठाया॥

विष्णु कही मत विलम्ब लगाओ।
तीन दिवस को भैरव जाओ॥
दल पठान संग लेकर धाया।
ऐलादी को भात पिन्हाया॥

पूरन आस बहन की कीनी।
सुर्ख चुन्दरी सिर धर दीनी॥
भात भेरा लौटे गुण ग्रामी।
नमो नमामी अन्तर्यामी॥

॥ दोहा ॥

जय जय जय भैरव बटुक, स्वामी संकट टार।
कृपा दास पर कीजिए, शंकर के अवतार॥

जो यह चालीसा पढे, प्रेम सहित सत बार।
उस घर सर्वानन्द हों, वैभव बढ़ें अपार॥

भैरव चालीसा

॥ दोहा ॥

श्री भैरव सङ्कट हरन, मंगल करन कृपालु।
करहु दया जि दास पे, निशिदिन दीनदयालु॥

॥ चौपाई ॥

जय डमरूधर नयन विशाला।
श्याम वर्ण, वपु महा कराला॥
जय त्रिशूलधर जय डमरूधर।
काशी कोतवाल, संकटहर॥

जय गिरिजासुत परमकृपाला।
संकटहरण हरहु भ्रमजाला॥
जयति बटुक भैरव भयहारी।
जयति काल भैरव बलधारी॥

अष्टरूप तुम्हरे सब गायें।
सकल एक ते एक सिवाये॥
शिवस्वरूप शिव के अनुगामी।
गणाधीश तुम सबके स्वामी॥

जटाजूट पर मुकुट सुहावै।
भालचन्द्र अति शोभा पावै॥
कटि करधनी घुँघरू बाजै।
दर्शन करत सकल भय भाजै॥

कर त्रिशूल डमरू अति सुन्दर।
मोरपंख को चंवर मनोहर॥
खप्पर खड्ग लिये बलवाना।
रूप चतुर्भुज नाथ बखाना॥

वाहन श्वान सदा सुखरासी।
तुम अनन्त प्रभु तुम अविनाशी॥
जय जय जय भैरव भय भंजन।
जय कृपालु भक्तन मनरंजन॥

नयन विशाल लाल अति भारी।
रक्तवर्ण तुम अहहु पुरारी॥
बं बं बं बोलत दिनराती।
शिव कहँ भजहु असुर आराती॥

एकरूप तुम शम्भु कहाये।
दूजे भैरव रूप बनाये॥
सेवक तुमहिं तुमहिं प्रभु स्वामी।
सब जग के तुम अन्तर्यामी॥

रक्तवर्ण वपु अहहि तुम्हारा।
श्यामवर्ण कहुं होई प्रचारा॥
श्वेतवर्ण पुनि कहा बखानी।
तीनि वर्ण तुम्हरे गुणखानी॥

तीनि नयन प्रभु परम सुहावहिं।
सुरनर मुनि सब ध्यान लगावहिं॥
व्याघ्र चर्मधर तुम जग स्वामी।
प्रेतनाथ तुम पूर्ण अकामी॥

चक्रनाथ नकुलेश प्रचण्डा।
निमिष दिगम्बर कीरति चण्डा॥
क्रोधवत्स भूतेश कालधर।
चक्रतुण्ड दशबाहु व्यालधर॥

अहहिं कोटि प्रभु नाम तुम्हारे।
जयत सदा मेटत दुःख भारे॥
चौंसठ योगिनी नाचहिं संगा।
क्रोधवान तुम अति रणरंगा॥

भूतनाथ तुम परम पुनीता।
तुम भविष्य तुम अहहू अतीता॥
वर्तमान तुम्हरो शुचि रूपा।
कालजयी तुम परम अनूपा॥

ऐलादी को संकट टार्यो।
साद भक्त को कारज सारयो॥
कालीपुत्र कहावहु नाथा।
तव चरणन नावहुं नित माथा॥

श्री क्रोधेश कृपा विस्तारहु।
दीन जानि मोहि पार उतारहु॥
भवसागर बूढत दिनराती।
होहु कृपालु दुष्ट आराती॥

सेवक जानि कृपा प्रभु कीजै।
मोहिं भगति अपनी अब दीजै॥
करहुँ सदा भैरव की सेवा।
तुम समान दूजो को देवा॥

अश्वनाथ तुम परम मनोहर।
दुष्टन कहँ प्रभु अहहु भयंकर॥
तम्हरो दास जहाँ जो होई।
ताकहँ संकट परै न कोई॥

हरहु नाथ तुम जन की पीरा।
तुम समान प्रभु को बलवीरा॥
सब अपराध क्षमा करि दीजै।
दीन जानि आपुन मोहिं कीजै॥

जो यह पाठ करे चालीसा।
तापै कृपा करहु जगदीशा॥

॥ दोहा ॥

जय भैरव जय भूतपति, जय जय जय सुखकंद।
करहु कृपा नित दास पे, देहुं सदा आनन्द॥

नवग्रह चालीसा

॥ दोहा ॥

श्री गणपति गुरुपद कमल, प्रेम सहित सिरनाय।
नवग्रह चालीसा कहत, शारद होत सहाय॥

जय जय रवि शशि सोम बुध, जय गुरु भृगु शनि राज।
जयति राहु अरु केतु ग्रह, करहु अनुग्रह आज॥

॥ चौपाई ॥

श्री सूर्य स्तुति

प्रथमहि रवि कहँ नावौं माथा।
करहुं कृपा जनि जानि अनाथा॥
हे आदित्य दिवाकर भानू।
मैं मति मन्द महा अज्ञानू॥

अब निज जन कहँ हरहु कलेषा।
दिनकर द्वादश रूप दिनेशा॥
नमो भास्कर सूर्य प्रभाकर।
अर्क मित्र अघ मोघ क्षमाकर॥

श्री चन्द्र स्तुति

शशि मयंक रजनीपति स्वामी।
चन्द्र कलानिधि नमो नमामि॥
राकापति हिमांशु राकेशा।
प्रणवत जन तन हरहुं कलेशा॥

सोम इन्दु विधु शान्ति सुधाकर।
शीत रश्मि औषधि निशाकर॥
तुम्हीं शोभित सुन्दर भाल महेशा।
शरण शरण जन हरहुं कलेशा॥

श्री मङ्गल स्तुति

जय जय जय मंगल सुखदाता।
लोहित भौमादिक विख्याता॥
अंगारक कुज रुज ऋणहारी।
करहु दया यही विनय हमारी॥

हे महिसुत छितिसुत सुखराशी।
लोहितांग जय जन अघनाशी॥
अगम अमंगल अब हर लीजै।
सकल मनोरथ पूरण कीजै॥

श्री बुध स्तुति

जय शशि नन्दन बुध महाराजा।
करहु सकल जन कहँ शुभ काजा॥
दीजैबुद्धि बल सुमति सुजाना।
कठिन कष्ट हरि करि कल्याणा॥

हे तारासुत रोहिणी नन्दन।
चन्द्रसुवन दुख द्वन्द्व निकन्दन॥
पूजहु आस दास कहु स्वामी।
प्रणत पाल प्रभु नमो नमामी॥

श्री बृहस्पति स्तुति

जयति जयति जय श्री गुरुदेवा।
करों सदा तुम्हरी प्रभु सेवा॥
देवाचार्य तुम देव गुरु ज्ञानी।
इन्द्र पुरोहित विद्यादानी॥

वाचस्पति बागीश उदारा।
जीव बृहस्पति नाम तुम्हारा॥
विद्या सिन्धु अंगिरा नामा।
करहु सकल विधि पूरण कामा॥

श्री शुक्र स्तुति

शुक्र देव पद तल जल जाता।
दास निरन्तन ध्यान लगाता॥
हे उशना भार्गव भृगु नन्दन।
दैत्य पुरोहित दुष्ट निकन्दन॥

भृगुकुल भूषण दूषण हारी।
हरहु नेष्ट ग्रह करहु सुखारी॥
तुहि द्विजबर जोशी सिरताजा।
नर शरीर के तुमहीं राजा॥

श्री शनि स्तुति

जय श्री शनिदेव रवि नन्दन।
जय कृष्णो सौरी जगवन्दन॥
पिंगल मन्द रौद्र यम नामा।
वप्र आदि कोणस्थ ललामा॥

वक्र दृष्टि पिप्पल तन साजा।
क्षण महँ करत रंक क्षण राजा॥
ललत स्वर्ण पद करत निहाला।
हरहु विपत्ति छाया के लाला॥

श्री राहु स्तुत

जय जय राहु गगन प्रविसइया।
तुमही चन्द्र आदित्य ग्रसइया॥
रवि शशि अरि स्वर्भानु धारा।
शिखी आदि बहु नाम तुम्हारा॥

सैहिंकेय तुम निशाचर राजा।
अर्धकाय जग राखहु लाजा॥
यदि ग्रह समय पाय कहिं आवहु।
सदा शान्ति और सुख उपजावहु॥

श्री केतु स्तुति

जय श्री केतु कठिन दुखहारी।
करहु सुजन हित मंगलकारी॥
ध्वजयुत रुण्ड रूप विकराला।
घोर रौद्रतन अघमन काला॥

शिखी तारिका ग्रह बलवान।
महा प्रताप न तेज ठिकाना॥
वाहन मीन महा शुभकारी।
दीजै शान्ति दया उर धारी॥

नवग्रह शान्ति फल

तीरथराज प्रयाग सुपासा।
बसै राम के सुन्दर दासा॥
ककरा ग्रामहिं पुरे-तिवारी।
दुर्वासाश्रम जन दुख हारी॥

नव-ग्रह शान्ति लिख्यो सुख हेतु।
जन तन कष्ट उतारण सेतू॥
जो नित पाठ करै चित लावै।
सब सुख भोगि परम पद पावै॥

॥ दोहा ॥

धन्य नवग्रह देव प्रभु, महिमा अगम अपार।
चित नव मंगल मोद गृह, जगत जनन सुखद्वार॥

यह चालीसा नवोग्रह, विरचित सुन्दरदास।
पढ़त प्रेम सुत बढ़त सुख, सर्वानन्द हुलास॥

विश्वकर्मा चालीसा

॥ दोहा ॥

विनय करौं कर जोड़कर, मन वचन कर्म संभारि।
मोर मनोरथ पूर्ण कर, विश्वकर्मा दुष्टारि॥

॥ चौपाई ॥

विश्वकर्मा तव नाम अनूपा।
पावन सुखद मनन अनरूपा॥
सुंदर सुयश भुवन दशचारी।
नित प्रति गावत गुण नरनारी॥

शारद शेष महेश भवानी।
कवि कोविद गुण ग्राहक ज्ञानी॥
आगम निगम पुराण महाना।
गुणातीत गुणवंत सयाना॥

जग महँ जे परमारथ वादी।
धर्म धुरंधर शुभ सनकादि॥
नित नित गुण यश गावत तेरे।
धन्य-धन्य विश्वकर्मा मेरे॥

आदि सृष्टि महँ तू अविनाशी।
मोक्ष धाम तजि आयो सुपासी॥
जग महँ प्रथम लीक शुभ जाकी।
भुवन चारि दश कीर्ति कला की॥

ब्रह्मचारी आदित्य भयो जब।
वेद पारंगत ऋषि भयो तब॥
दर्शन शास्त्र अरु विज्ञ पुराना।
कीर्ति कला इतिहास सुजाना॥

तुम आदि विश्वकर्मा कहलायो।
चौदह विधा भू पर फैलायो॥
लोह काष्ठ अरु ताम्र सुवर्णा।
शिला शिल्प जो पंचक वर्णा॥

दे शिक्षा दुख दारिद्र नाश्यो।
सुख समृद्धि जगमहँ परकाश्यो॥
सनकादिक ऋषि शिष्य तुम्हारे।
ब्रह्मादिक जै मुनीश पुकारे॥

जगत गुरु इस हेतु भये तुम।
तम-अज्ञान-समूह हने तुम॥
दिव्य अलौकिक गुण जाके वर।
विघ्न विनाशन भय टारन कर॥

सृष्टि करन हित नाम तुम्हारा।
ब्रह्मा विश्वकर्मा भय धारा॥
विष्णु अलौकिक जगरक्षक सम।
शिवकल्याणदायक अति अनुपम॥

नमो नमो विश्वकर्मा देवा।
सेवत सुलभ मनोरथ देवा॥
देव दनुज किन्नर गन्धर्वा।
प्रणवत युगल चरण पर सर्वा॥

अविचल भक्ति हृदय बस जाके।
चार पदारथ करतल जाके॥
सेवत तोहि भुवन दश चारी।
पावन चरण भवोभव कारी॥

विश्वकर्मा देवन कर देवा।
सेवत सुलभ अलौकिक मेवा॥
लौकिक कीर्ति कला भंडारा।
दाता त्रिभुवन यश विस्तारा॥

भुवन पुत्र विश्वकर्मा तनुधरि।
वेद अथर्वण तत्व मनन करि॥
अथर्ववेद अरु शिल्प शास्त्र का।
धनुर्वेद सब कृत्य आपका॥

जब जब विपति बड़ी देवन पर।
कष्ट हन्यो प्रभु कला सेवन कर॥
विष्णु चक्र अरु ब्रह्म कमण्डल।
रूद्र शूल सब रच्यो भूमण्डल॥

इन्द्र धनुष अरु धनुष पिनाका।
पुष्पक यान अलौकिक चाका॥
वायुयान मय उड़न खटोले।
विधुत कला तंत्र सब खोले॥

सूर्य चंद्र नवग्रह दिग्पाला।
लोक लोकान्तर व्योम पताला॥
अग्नि वायु क्षिति जल अकाशा।
आविष्कार सकल परकाशा॥

मनु मय त्वष्टा शिल्पी महाना।
देवागम मुनि पंथ सुजाना॥
लोक काष्ठ, शिल ताम्र सुकर्मा।
स्वर्णकार मय पंचक धर्मा॥

शिव दधीचि हरिश्चंद्र भुआरा।
कृत युग शिक्षा पालेऊ सारा॥
परशुराम, नल, नील, सुचेता।
रावण, राम शिष्य सब त्रेता॥

ध्वापर द्रोणाचार्य हुलासा।
विश्वकर्मा कुल कीन्ह प्रकाशा॥
मयकृत शिल्प युधिष्ठिर पायेऊ।
विश्वकर्मा चरणन चित ध्यायेऊ॥

नाना विधि तिलस्मी करि लेखा।
विक्रम पुतली दृश्य अलेखा॥
वर्णातीत अकथ गुण सारा।
नमो नमो भय टारन हारा॥

॥ दोहा ॥

दिव्य ज्योति दिव्यांश प्रभु, दिव्य ज्ञान प्रकाश।
दिव्य दृष्टि तिहुँ, कालमहँ विश्वकर्मा प्रभास॥

विनय करो करि जोरि, युग पावन सुयश तुम्हार।
धारि हिय भावत रहे, होय कृपा उद्गार॥

॥ छन्द ॥

जे नर सप्रेम विराग श्रद्धा, सहित पढ़िहहि सुनि है।
विश्वास करि चालीसा चोपाई, मनन करि गुनि है॥

भव फंद विघ्नों से उसे, प्रभु विश्वकर्मा दूर कर।
मोक्ष सुख देंगे अवश्य ही, कष्ट विपदा चूर कर॥

परशुराम चालीसा

॥ दोहा ॥

श्री गुरु चरण सरोज छवि, निज मन मन्दिर धारि।
सुमरि गजानन शारदा, गहि आशिष त्रिपुरारि॥

बुद्धिहीन जन जानिये, अवगुणों का भण्डार।
बरणों परशुराम सुयश, निज मति के अनुसार॥

॥ चौपाई ॥

जय प्रभु परशुराम सुख सागर।
जय मुनीश गुण ज्ञान दिवाकर॥
भृगुकुल मुकुट विकट रणधीरा।
क्षत्रिय तेज मुख संत शरीरा॥

जमदग्नी सुत रेणुका जाया।
तेज प्रताप सकल जग छाया॥
मास बैसाख सित पच्छ उदारा।
तृतीया पुनर्वसु मनुहारा॥

प्रहर प्रथम निशा शीत न घामा।
तिथि प्रदोष व्यापि सुखधामा॥
तब ऋषि कुटीर रूदन शिशु कीन्हा।
रेणुका कोखि जनम हरि लीन्हा॥

निज घर उच्च ग्रह छः ठाढ़े।
मिथुन राशि राहु सुख गाढ़े॥
तेज-ज्ञान मिल नर तनु धारा।
जमदग्नी घर ब्रह्म अवतारा॥

धरा राम शिशु पावन नामा।
नाम जपत जग लह विश्रामा॥
भाल त्रिपुण्ड जटा सिर सुन्दर।
कांधे मुंज जनेऊ मनहर॥

मंजु मेखला कटि मृगछाला।
रूद्र माला बर वक्ष विशाला॥
पीत बसन सुन्दर तनु सोहें।
कंध तुणीर धनुष मन मोहें॥

वेद-पुराण-श्रुति-स्मृति ज्ञाता।
क्रोध रूप तुम जग विख्याता॥
दायें हाथ श्रीपरशु उठावा।
वेद-संहिता बायें सुहावा॥

विद्यावान गुण ज्ञान अपारा।
शास्त्र-शस्त्र दोउ पर अधिकारा॥
भुवन चारिदस अरु नवखंडा।
चहुं दिशि सुयश प्रताप प्रचंडा॥

एक बार गणपति के संगा।
जूझे भृगुकुल कमल पतंगा॥
दांत तोड़ रण कीन्ह विरामा।
एक दंत गणपति भयो नामा॥

कार्तवीर्य अर्जुन भूपाला।
सहस्त्रबाहु दुर्जन विकराला॥
सुरगऊ लखि जमदग्नी पांहीं।
रखिहहुं निज घर ठानि मन मांहीं॥

मिली न मांगि तब कीन्ह लड़ाई।
भयो पराजित जगत हंसाई॥
तन खल हृदय भई रिस गाढ़ी।
रिपुता मुनि सौं अतिसय बाढ़ी॥

ऋषिवर रहे ध्यान लवलीना।
तिन्ह पर शक्तिघात नृप कीन्हा॥
लगत शक्ति जमदग्नी निपाता।
मनहुं क्षत्रिकुल बाम विधाता॥

पितु-बध मातु-रूदन सुनि भारा।
भा अति क्रोध मन शोक अपारा॥
कर गहि तीक्षण परशु कराला।
दुष्ट हनन कीन्हेउ तत्काला॥

क्षत्रिय रुधिर पितु तर्पण कीन्हा।
पितु-बध प्रतिशोध सुत लीन्हा॥
इक्कीस बार भू क्षत्रिय बिहीनी।
छीन धरा बिप्रन्ह कहँ दीनी॥

जुग त्रेता कर चरित सुहाई।
शिव-धनु भंग कीन्ह रघुराई॥
गुरु धनु भंजक रिपु करि जाना।
तब समूल नाश ताहि ठाना॥

कर जोरि तब राम रघुराई।
बिनय कीन्ही पुनि शक्ति दिखाई॥
भीष्म द्रोण कर्ण बलवन्ता।
भये शिष्या द्वापर महँ अनन्ता॥

शास्त्र विद्या देह सुयश कमावा।
गुरु प्रताप दिगन्त फिरावा॥
चारों युग तव महिमा गाई।
सुर मुनि मनुज दनुज समुदाई॥

दे कश्यप सों संपदा भाई।
तप कीन्हा महेन्द्र गिरि जाई॥
अब लौं लीन समाधि नाथा।
सकल लोक नावइ नित माथा॥

चारों वर्ण एक सम जाना।
समदर्शी प्रभु तुम भगवाना॥
ललहिं चारि फल शरण तुम्हारी।
देव दनुज नर भूप भिखारी॥

जो यह पढ़ै श्री परशु चालीसा।
तिन्ह अनुकूल सदा गौरीसा॥
पृर्णेन्दु निसि बासर स्वामी।
बसहु हृदय प्रभु अन्तरयामी॥

॥ दोहा ॥

परशुराम को चारू चरित, मेटत सकल अज्ञान।
शरण पड़े को देत प्रभु, सदा सुयश सम्मान॥

॥ श्लोक ॥

भृगुदेव कुलं भानुं, सहस्त्रबाहुर्मर्दनम्।
रेणुका नयना नंदं, परशुंवन्दे विप्रधनम्॥

बालाजी चालीसा

॥ दोहा ॥

श्री गुरु चरण चितलाय, के धरें ध्यान हनुमान।
बालाजी चालीसा लिखे, दास स्नेही कल्याण॥

विश्व विदित वर दानी, संकट हरण हनुमान।
मैंहदीपुर में प्रगट भये, बालाजी भगवान॥

॥ चौपाई ॥

जय हनुमान बालाजी देवा।
प्रगट भये यहां तीनों देवा॥
प्रेतराज भैरव बलवाना।
कोतवाल कप्तानी हनुमाना॥

मैंहदीपुर अवतार लिया है।
भक्तों का उध्दार किया है॥
बालरूप प्रगटे हैं यहां पर।
संकट वाले आते जहाँ पर॥

डाकनि शाकनि अरु जिन्दनीं।
मशान चुड़ैल भूत भूतनीं॥
जाके भय ते सब भाग जाते।
स्याने भोपे यहाँ घबराते॥

चौकी बन्धन सब कट जाते।
दूत मिले आनन्द मनाते॥
सच्चा है दरबार तिहारा।
शरण पड़े सुख पावे भारा॥

रूप तेज बल अतुलित धामा।
सन्मुख जिनके सिय रामा॥
कनक मुकुट मणि तेज प्रकाशा।
सबकी होवत पूर्ण आशा॥

महन्त गणेशपुरी गुणीले।
भये सुसेवक राम रंगीले॥
अद्भुत कला दिखाई कैसी।
कलयुग ज्योति जलाई जैसी॥

ऊँची ध्वजा पताका नभ में।
स्वर्ण कलश हैं उन्नत जग में॥
धर्म सत्य का डंका बाजे।
सियाराम जय शंकर राजे॥

आन फिराया मुगदर घोटा।
भूत जिन्द पर पड़ते सोटा॥
राम लक्ष्मन सिय हृदय कल्याणा।
बाल रूप प्रगटे हनुमाना॥

जय हनुमन्त हठीले देवा।
पुरी परिवार करत हैं सेवा॥
लड्डू चूरमा मिश्री मेवा।
अर्जी दरखास्त लगाऊ देवा॥

दया करे सब विधि बालाजी।
संकट हरण प्रगटे बालाजी॥
जय बाबा की जन जन ऊचारे।
कोटिक जन तेरे आये द्वारे॥

बाल समय रवि भक्षहि लीन्हा।
तिमिर मय जग कीन्हो तीन्हा॥
देवन विनती की अति भारी।
छाँड़ दियो रवि कष्ट निहारी॥

लांघि उदधि सिया सुधि लाये।
लक्ष्मन हित संजीवन लाये॥
रामानुज प्राण दिवाकर।
शंकर सुवन माँ अंजनी चाकर॥

केशरी नन्दन दुख भव भंजन।
रामानन्द सदा सुख सन्दन॥
सिया राम के प्राण पियारे।
जब बाबा की भक्त ऊचारे॥

संकट दुख भंजन भगवाना।
दया करहु हे कृपा निधाना॥
सुमर बाल रूप कल्याणा।
करे मनोरथ पूर्ण कामा॥

अष्ट सिद्धि नव निधि दातारी।
भक्त जन आवे बहु भारी॥
मेवा अरु मिष्ठान प्रवीना।
भैंट चढ़ावें धनि अरु दीना॥

नृत्य करे नित न्यारे न्यारे।
रिद्धि सिद्धियां जाके द्वारे॥
अर्जी का आदेश मिलते ही।
भैरव भूत पकड़ते तबही॥

कोतवाल कप्तान कृपाणी।
प्रेतराज संकट कल्याणी॥
चौकी बन्धन कटते भाई।
जो जन करते हैं सेवकाई॥

रामदास बाल भगवन्ता।
मैंहदीपुर प्रगटे हनुमन्ता॥
जो जन बालाजी में आते।
जन्म जन्म के पाप नशाते॥

जल पावन लेकर घर जाते।
निर्मल हो आनन्द मनाते॥
क्रूर कठिन संकट भग जावे।
सत्य धर्म पथ राह दिखावे॥

जो सत पाठ करे चालीसा।
तापर प्रसन्न होय बागीसा॥
कल्याण स्नेही, स्नेह से गावे।
सुख समृद्धि रिद्धि सिद्धि पावे॥

॥ दोहा ॥

मन्द बुद्धि मम जानके, क्षमा करो गुणखान।
संकट मोचन क्षमहु मम, दास स्नेही कल्याण॥

गिरिराज चालीसा

॥ दोहा ॥

बन्दहुँ वीणा वादिनी, धरि गणपति को ध्यान।
महाशक्ति राधा सहित, कृष्ण करौ कल्याण॥

सुमिरन करि सब देवगण, गुरु पितु बारम्बार।
बरनौ श्रीगिरिराज यश, निज मति के अनुसार॥

॥ चौपाई ॥

जय हो जय बंदित गिरिराजा।
ब्रज मण्डल के श्री महाराजा॥
विष्णु रूप तुम हो अवतारी।
सुन्दरता पै जग बलिहारी॥

स्वर्ण शिखर अति शोभा पामें।
सुर मुनि गण दरशन कूं आमें॥
शांत कन्दरा स्वर्ग समाना।
जहाँ तपस्वी धरते ध्याना॥

द्रोणगिरि के तुम युवराजा।
भक्तन के साधौ हौ काजा॥
मुनि पुलस्त्य जी के मन भाये।
जोर विनय कर तुम कूँ लाये॥

मुनिवर संघ जब ब्रज में आये।
लखि ब्रजभूमि यहाँ ठहराये॥
विष्णु धाम गौलोक सुहावन।
यमुना गोवर्धन वृन्दावन॥

देख देव मन में ललचाये।
बास करन बहु रूप बनाये॥
कोउ बानर कोउ मृग के रूपा।
कोउ वृक्ष कोउ लता स्वरूपा॥

आनन्द लें गोलोक धाम के।
परम उपासक रूप नाम के॥
द्वापर अंत भये अवतारी।
कृष्णचन्द्र आनन्द मुरारी॥

महिमा तुम्हरी कृष्ण बखानी।
पूजा करिबे की मन ठानी॥
ब्रजवासी सब के लिये बुलाई।
गोवर्द्धन पूजा करवाई॥

पूजन कूँ व्यञ्जन बनवाये।
ब्रजवासी घर घर ते लाये॥
ग्वाल बाल मिलि पूजा कीनी।
सहस भुजा तुमने कर लीनी॥

स्वयं प्रकट हो कृष्ण पूजा में।
माँग माँग के भोजन पामें॥
लखि नर नारि मन हरषामें।
जै जै जै गिरिवर गुण गामें॥

देवराज मन में रिसियाए।
नष्ट करन ब्रज मेघ बुलाए॥
छाँया कर ब्रज लियौ बचाई।
एकउ बूँद न नीचे आई॥

सात दिवस भई बरसा भारी।
थके मेघ भारी जल धारी॥
कृष्णचन्द्र ने नख पै धारे।
नमो नमो ब्रज के रखवारे॥

करि अभिमान थके सुरसाई।
क्षमा माँग पुनि अस्तुति गाई॥
त्राहि माम् मैं शरण तिहारी।
क्षमा करो प्रभु चूक हमारी॥

बार बार बिनती अति कीनी।
सात कोस परिकम्मा दीनी॥
संग सुरभि ऐरावत लाये।
हाथ जोड़ कर भेंट गहाये॥

अभय दान पा इन्द्र सिहाये।
करि प्रणाम निज लोक सिधाये॥
जो यह कथा सुनैं चित लावें।
अन्त समय सुरपति पद पावें॥

गोवर्द्धन है नाम तिहारौ।
करते भक्तन कौ निस्तारौ॥
जो नर तुम्हरे दर्शन पावें।
तिनके दुःख दूर ह्वै जावें॥

कुण्डन में जो करें आचमन।
धन्य धन्य वह मानव जीवन॥
मानसी गंगा में जो न्हावें।
सीधे स्वर्ग लोक कूँ जावें॥

दूध चढ़ा जो भोग लगावें।
आधि व्याधि तेहि पास न आवें॥
जल फल तुलसी पत्र चढ़ावें।
मन वांछित फल निश्चय पावें॥

जो नर देत दूध की धारा।
भरौ रहे ताकौ भण्डारा॥
करें जागरण जो नर कोई।
दुख दरिद्र भय ताहि न होई॥

'श्याम' शिलामय निज जन त्राता।
भक्ति मुक्ति सरबस के दाता॥
पुत्र हीन जो तुम कूँ ध्यावें।
ताकूँ पुत्र प्राप्ति ह्वै जावें॥

दंडौती परिकम्मा करहीं।
ते सहजहि भवसागर तरहीं॥
कलि में तुम सम देव न दूजा।
सुर नर मुनि सब करते पूजा॥

॥ दोहा ॥

जो यह चालीसा पढ़ै, सुनै शुद्ध चित्त लाय।
सत्य सत्य यह सत्य है, गिरिवर करै सहाय॥

क्षमा करहुँ अपराध मम, त्राहि माम् गिरिराज।
श्याम बिहारी शरण में, गोवर्द्धन महाराज॥

कुबेर चालीसा

॥ दोहा ॥

जैसे अटल हिमालय, और जैसे अडिग सुमेर।
ऐसे ही स्वर्ग द्वार पै, अविचल खड़े कुबेर॥

विघ्न हरण मंगल करण, सुनो शरणागत की टेर।
भक्त हेतु वितरण करो, धन माया के ढ़ेर॥

॥ चौपाई ॥

जय जय जय श्री कुबेर भण्डारी।
धन माया के तुम अधिकारी॥
तप तेज पुंज निर्भय भय हारी।
पवन वेग सम सम तनु बलधारी॥

स्वर्ग द्वार की करें पहरे दारी।
सेवक इन्द्र देव के आज्ञाकारी॥
यक्ष यक्षणी की है सेना भारी।
सेनापति बने युद्ध में धनुधारी॥

महा योद्धा बन शस्त्र धारैं।
युद्ध करैं शत्रु को मारैं॥
सदा विजयी कभी ना हारैं।
भगत जनों के संकट टारैं॥

प्रपितामह हैं स्वयं विधाता।
पुलिस्ता वंश के जन्म विख्याता॥
विश्रवा पिता इडविडा जी माता।
विभीषण भगत आपके भ्राता॥

शिव चरणों में जब ध्यान लगाया।
घोर तपस्या करी तन को सुखाया॥
शिव वरदान मिले देवत्य पाया।
अमृत पान करी अमर हुई काया॥

धर्म ध्वजा सदा लिए हाथ में।
देवी देवता सब फिरैं साथ में॥
पीताम्बर वस्त्र पहने गात में।
बल शक्ति पूरी यक्ष जात में॥

स्वर्ण सिंहासन आप विराजैं।
त्रिशूल गदा हाथ में साजैं॥
शंख मृदंग नगारे बाजैं।
गंधर्व राग मधुर स्वर गाजैं॥

चौंसठ योगनी मंगल गावैं।
ऋद्धि सिद्धि नित भोग लगावैं॥
दास दासनी सिर छत्र फिरावैं।
यक्ष यक्षणी मिल चंवर ढूलावैं॥

ऋषियों में जैसे परशुराम बली हैं।
देवन्ह में जैसे हनुमान बली हैं॥
पुरुषों में जैसे भीम बली हैं।
यक्षों में ऐसे ही कुबेर बली हैं॥

भगतों में जैसे प्रहलाद बड़े हैं।
पक्षियों में जैसे गरुड़ बड़े हैं॥
नागों में जैसे शेष बड़े हैं।
वैसे ही भगत कुबेर बड़े हैं॥

कांधे धनुष हाथ में भाला।
गले फूलों की पहनी माला॥
स्वर्ण मुकुट अरु देह विशाला।
दूर दूर तक होए उजाला॥

कुबेर देव को जो मन में धारे।
सदा विजय हो कभी न हारे॥
बिगड़े काम बन जाएं सारे।
अन्न धन के रहें भरे भण्डारे॥

कुबेर गरीब को आप उभारैं।
कुबेर कर्ज को शीघ्र उतारैं॥
कुबेर भगत के संकट टारैं।
कुबेर शत्रु को क्षण में मारैं॥

शीघ्र धनी जो होना चाहे।
क्युं नहीं यक्ष कुबेर मनाएं॥
यह पाठ जो पढ़े पढ़ाएं।
दिन दुगना व्यापार बढ़ाएं॥

भूत प्रेत को कुबेर भगावैं।
अड़े काम को कुबेर बनावैं॥
रोग शोक को कुबेर नशावैं।
कलंक कोढ़ को कुबेर हटावैं॥

कुबेर चढ़े को और चढ़ादे।
कुबेर गिरे को पुनः उठा दे॥
कुबेर भाग्य को तुरंत जगा दे।
कुबेर भूले को राह बता दे॥

प्यासे की प्यास कुबेर बुझा दे।
भूखे की भूख कुबेर मिटा दे॥
रोगी का रोग कुबेर घटा दे।
दुखिया का दुख कुबेर छुटा दे॥

बांझ की गोद कुबेर भरा दे।
कारोबार को कुबेर बढ़ा दे॥
कारागार से कुबेर छुड़ा दे।
चोर ठगों से कुबेर बचा दे॥

कोर्ट केस में कुबेर जितावै।
जो कुबेर को मन में ध्यावै॥
चुनाव में जीत कुबेर करावैं।
मंत्री पद पर कुबेर बिठावैं॥

पाठ करे जो नित मन लाई।
उसकी कला हो सदा सवाई॥
जिसपे प्रसन्न कुबेर की माई।
उसका जीवन चले सुखदाई॥

जो कुबेर का पाठ करावै।
उसका बेड़ा पार लगावै॥
उजड़े घर को पुनः बसावै।
शत्रु को भी मित्र बनावै॥

सहस्त्र पुस्तक जो दान कराई।
सब सुख भोग पदार्थ पाई॥
प्राण त्याग कर स्वर्ग में जाई।
मानस परिवार कुबेर कीर्ति गाई॥

॥ दोहा ॥

शिव भक्तों में अग्रणी, श्री यक्षराज कुबेर।
हृदय में ज्ञान प्रकाश भर, कर दो दूर अंधेर॥

कर दो दूर अंधेर अब, जरा करो ना देर।
शरण पड़ा हूं आपकी, दया की दृष्टि फेर॥

श्री लक्ष्मी चालीसा

॥ दोहा ॥

मातु लक्ष्मी करि कृपा, करो हृदय में वास।
मनोकामना सिद्ध करि, परुवहु मेरी आस॥

॥ सोरठा ॥

यही मोर अरदास, हाथ जोड़ विनती करुं।
सब विधि करौ सुवास, जय जननि जगदम्बिका।

॥ चौपाई ॥

सिन्धु सुता मैं सुमिरौ तोही।
ज्ञान, बुद्धि, विद्या दो मोही॥
तुम समान नहिं कोई उपकारी।
सब विधि पुरवहु आस हमारी॥

जय जय जगत जननि जगदम्बा।
सबकी तुम ही हो अवलम्बा॥
तुम ही हो सब घट घट वासी।
विनती यही हमारी खासी॥

जगजननी जय सिन्धु कुमारी।
दीनन की तुम हो हितकारी॥
विनवौं नित्य तुमहिं महारानी।
कृपा करौ जग जननि भवानी॥

केहि विधि स्तुति करौं तिहारी।
सुधि लीजै अपराध बिसारी॥
कृपा दृष्टि चितववो मम ओरी।
जगजननी विनती सुन मोरी॥

ज्ञान बुद्धि जय सुख की दाता।
संकट हरो हमारी माता॥
क्षीरसिन्धु जब विष्णु मथायो।
चौदह रत्न सिन्धु में पायो॥

चौदह रत्न में तुम सुखरासी।
सेवा कियो प्रभु बनि दासी॥
जब जब जन्म जहां प्रभु लीन्हा।
रुप बदल तहं सेवा कीन्हा॥

स्वयं विष्णु जब नर तनु धारा।
लीन्हेउ अवधपुरी अवतारा॥
तब तुम प्रगट जनकपुर माहीं।
सेवा कियो हृदय पुलकाहीं॥

अपनाया तोहि अन्तर्यामी।
विश्व विदित त्रिभुवन की स्वामी॥
तुम सम प्रबल शक्ति नहीं आनी।
कहं लौ महिमा कहौं बखानी॥

मन क्रम वचन करै सेवकाई।
मन इच्छित वाञ्छित फल पाई॥
तजि छल कपट और चतुराई।
पूजहिं विविध भाँति मनलाई॥

और हाल मैं कहौं बुझाई।
जो यह पाठ करै मन लाई॥
ताको कोई कष्ट नोई।
मन इच्छित पावै फल सोई॥

त्राहि त्राहि जय दुःख निवारिणि।
त्रिविध ताप भव बन्धन हारिणी॥
जो चालीसा पढ़ै पढ़ावै।
ध्यान लगाकर सुनै सुनावै॥

ताकौ कोई न रोग सतावै।
पुत्र आदि धन सम्पत्ति पावै॥
पुत्रहीन अरु सम्पति हीना।
अन्ध बधिर कोढ़ी अति दीना॥

विप्र बोलाय कै पाठ करावै।
शंका दिल में कभी न लावै॥
पाठ करावै दिन चालीसा।
ता पर कृपा करैं गौरीसा॥

सुख सम्पत्ति बहुत सी पावै।
कमी नहीं काहू की आवै॥
बारह मास करै जो पूजा।
तेहि सम धन्य और नहिं दूजा॥

प्रतिदिन पाठ करै मन माही।
उन सम कोइ जग में कहुं नाहीं॥
बहुविधि क्या मैं करौं बड़ाई।
लेय परीक्षा ध्यान लगाई॥

करि विश्वास करै व्रत नेमा।
होय सिद्ध उपजै उर प्रेमा॥
जय जय जय लक्ष्मी भवानी।
सब में व्यापित हो गुण खानी॥

तुम्हरो तेज प्रबल जग माहीं।
तुम सम कोउ दयालु कहुं नाहिं॥
मोहि अनाथ की सुधि अब लीजै।
संकट काटि भक्ति मोहि दीजै॥

भूल चूक करि क्षमा हमारी।
दर्शन दजै दशा निहारी॥
बिन दर्शन व्याकुल अधिकारी।
तुमहि अछत दुःख सहते भारी॥

नहिं मोहिं ज्ञान बुद्धि है तन में।
सब जानत हो अपने मन में॥
रुप चतुर्भुज करके धारण।
कष्ट मोर अब करहु निवारण॥

केहि प्रकार मैं करौं बड़ाई।
ज्ञान बुद्धि मोहि नहिं अधिकाई॥

॥ दोहा ॥

त्राहि त्राहि दुःख हारिणी, हरो वेगि सब त्रास।
जयति जयति जय लक्ष्मी, करो शत्रु को नाश॥

रामदास धरि ध्यान नित, विनय करत कर जोर।
मातु लक्ष्मी दास पर, करहु दया की कोर॥

श्री महालक्ष्मी चालीसा

॥ दोहा ॥

जय जय श्री महालक्ष्मी, करूँ मात तव ध्यान।
सिद्ध काज मम किजिये, निज शिशु सेवक जान॥

॥ चौपाई ॥

नमो महा लक्ष्मी जय माता।
तेरो नाम जगत विख्याता॥
आदि शक्ति हो मात भवानी।
पूजत सब नर मुनि ज्ञानी॥

जगत पालिनी सब सुख करनी।
निज जनहित भण्डारण भरनी॥
श्वेत कमल दल पर तव आसन।
मात सुशोभित है पद्मासन॥

श्वेताम्बर अरू श्वेता भूषण।
श्वेतही श्वेत सुसज्जित पुष्पन॥
शीश छत्र अति रूप विशाला।
गल सोहे मुक्तन की माला॥

सुंदर सोहे कुंचित केशा।
विमल नयन अरु अनुपम भेषा॥
कमलनाल समभुज तवचारि।
सुरनर मुनिजनहित सुखकारी॥

अद्भूत छटा मात तव बानी।
सकलविश्व कीन्हो सुखखानी॥
शांतिस्वभाव मृदुलतव भवानी।
सकल विश्वकी हो सुखखानी॥

महालक्ष्मी धन्य हो माई।
पंच तत्व में सृष्टि रचाई॥
जीव चराचर तुम उपजाए।
पशु पक्षी नर नारी बनाए॥

क्षितितल अगणित वृक्ष जमाए।
अमितरंग फल फूल सुहाए॥
छवि विलोक सुरमुनि नरनारी।
करे सदा तव जय-जय कारी॥

सुरपति औ नरपत सब ध्यावैं।
तेरे सम्मुख शीश नवावैं॥
चारहु वेदन तब यश गाया।
महिमा अगम पार नहिं पाये॥

जापर करहु मातु तुम दाया।
सोइ जग में धन्य कहाया॥
पल में राजाहि रंक बनाओ।
रंक राव कर बिमल न लाओ॥

जिन घर करहु माततुम बासा।
उनका यश हो विश्व प्रकाशा॥
जो ध्यावै से बहु सुख पावै।
विमुख रहे हो दुख उठावै॥

महालक्ष्मी जन सुख दाई।
ध्याऊं तुमको शीश नवाई॥
निज जन जानीमोहीं अपनाओ।
सुखसम्पति दे दुख नसाओ॥

ॐ श्री-श्री जयसुखकी खानी।
रिद्धिसिद्ध देउ मात जनजानी॥
ॐ ह्रीं-ॐ ह्रीं सब व्याधिहटाओ।
जनउन विमल दृष्टिदर्शाओ॥

ॐ क्लीं-ॐ क्लीं शत्रुन क्षयकीजै।
जनहित मात अभय वरदीजै॥
ॐ जयजयति जयजननी।
सकल काज भक्तन के सरनी॥

ॐ नमो-नमो भवनिधि तारनी।
तरणि भंवर से पार उतारनी॥
सुनहु मात यह विनय हमारी।
पुरवहु आशन करहु अबारी॥

ऋणी दुखी जो तुमको ध्यावै।
सो प्राणी सुख सम्पत्ति पावै॥
रोग ग्रसित जो ध्यावै कोई।
ताकी निर्मल काया होई॥

विष्णु प्रिया जय-जय महारानी।
महिमा अमित न जाय बखानी॥
पुत्रहीन जो ध्यान लगावै।
पाये सुत अतिहि हुलसावै॥

त्राहि त्राहि शरणागत तेरी।
करहु मात अब नेक न देरी॥
आवहु मात विलम्ब न कीजै।
हृदय निवास भक्त बर दीजै॥

जानूं जप तप का नहिं भेवा।
पार करो भवनिध वन खेवा॥
बिनवों बार-बार कर जोरी।
पूरण आशा करहु अब मोरी॥

जानि दास मम संकट टारौ।
सकल व्याधि से मोहिं उबारौ॥
जो तव सुरति रहै लव लाई।
सो जग पावै सुयश बड़ाई॥

छायो यश तेरा संसारा।
पावत शेष शम्भु नहिं पारा॥
गोविंद निशदिन शरण तिहारी।
करहु पूरण अभिलाष हमारी॥

॥ दोहा ॥
महालक्ष्मी चालीसा, पढ़ै सुनै चित लाय।
ताहि पदारथ मिलै, अब कहै वेद अस गाय ॥

श्री गंगा चालीसा

॥ स्तुति ॥

मात शैल्सुतास पत्नी ससुधाश्रंगार धरावली ।
स्वर्गारोहण जैजयंती भक्तीं भागीरथी प्रार्थये।।

॥ दोहा ॥

जय जय जय जग पावनी, जयति देवसरि गंग।
जय शिव जटा निवासिनी, अनुपम तुंग तरंग॥

॥ चौपाई ॥

जय जय जननी हराना अघखानी।
आनंद करनी गंगा महारानी॥
जय भगीरथी सुरसरि माता।
कलिमल मूल डालिनी विख्याता॥

जय जय जहानु सुता अघ हनानी।
भीष्म की माता जगा जननी॥
धवल कमल दल मम तनु सजे।
लखी शत शरद चन्द्र छवि लजाई॥

वहां मकर विमल शुची सोहें।
अमिया कलश कर लखी मन मोहें॥
जदिता रत्ना कंचन आभूषण।
हिय मणि हर, हरानितम दूषण॥

जग पावनी त्रय ताप नासवनी।
तरल तरंग तुंग मन भावनी॥
जो गणपति अति पूज्य प्रधान।
इहूं ते प्रथम गंगा अस्नाना॥

ब्रह्मा कमंडल वासिनी देवी।
श्री प्रभु पद पंकज सुख सेवि॥
साथी सहस्त्र सागर सुत तरयो।
गंगा सागर तीरथ धरयो॥

अगम तरंग उठ्यो मन भवन।
लखी तीरथ हरिद्वार सुहावन॥
तीरथ राज प्रयाग अक्षैवेता।
धरयो मातु पुनि काशी करवत॥

धनी धनी सुरसरि स्वर्ग की सीधी।
तरनी अमिता पितु पड़ पिरही॥
भागीरथी ताप कियो उपारा।
दियो ब्रह्म तव सुरसरि धारा॥

जब जग जननी चल्यो हहराई।
शम्भु जाता महं रह्यो समाई॥
वर्षा पर्यंत गंगा महारानी।
रहीं शम्भू के जाता भुलानी॥

पुनि भागीरथी शम्भुहीं ध्यायो।
तब इक बूंद जटा से पायो॥
ताते मातु भें त्रय धारा।
मृत्यु लोक, नाभा, अरु पातारा॥

गईं पाताल प्रभावती नामा।
मन्दाकिनी गई गगन ललामा॥
मृत्यु लोक जाह्नवी सुहावनी।
कलिमल हरनी अगम जग पावनि॥

धनि मइया तब महिमा भारी।
धर्मं धुरी कलि कलुष कुठारी॥
मातु प्रभवति धनि मंदाकिनी।
धनि सुर सरित सकल भयनासिनी॥

पन करत निर्मल गंगा जल।
पावत मन इच्छित अनंत फल॥
पुरव जन्म पुण्य जब जागत।
तबहीं ध्यान गंगा महं लागत॥

जई पगु सुरसरी हेतु उठावही।
तई जगि अश्वमेघ फल पावहि॥
महा पतित जिन कहू न तारे।
तिन तारे इक नाम तिहारे॥

शत योजन हूं से जो ध्यावहिं।
निशचाई विष्णु लोक पद पावहीं॥
नाम भजत अगणित अघ नाशै।
विमल ज्ञान बल बुद्धि प्रकाशे॥

जिमी धन मूल धर्म अरु दाना।
धर्म मूल गंगाजल पाना॥
तब गुन गुणन करत दुख भाजत।
गृह गृह सम्पति सुमति विराजत॥

गंगहि नेम सहित नित ध्यावत।
दुर्जनहूं सज्जन पद पावत॥
उद्दिहिन विद्या बल पावै।
रोगी रोग मुक्त हवे जावै॥

गंगा गंगा जो नर कहहीं।
भूखा नंगा कभुहुह न रहहि॥
निकसत ही मुख गंगा माई।
श्रवण दाबी यम चलहिं पराई॥

महं अघिन अधमन कहं तारे।
भए नरका के बंद किवारें॥
जो नर जपी गंग शत नामा।
सकल सिद्धि पूरण है कामा॥

सब सुख भोग परम पद पावहीं।
आवागमन रहित है जावहीं॥
धनि मइया सुरसरि सुख दैनि।
धनि धनि तीरथ राज त्रिवेणी॥

ककरा ग्राम ऋषि दुर्वासा।
सुन्दरदास गंगा कर दासा॥
जो यह पढ़े गंगा चालीसा।
मिली भक्ति अविरल वागीसा॥

॥ दोहा ॥

नित नए सुख सम्पति लहैं, धरें गंगा का ध्यान।
अंत समाई सुर पुर बसल, सदर बैठी विमान॥

संवत भुत नभ्दिशी, राम जन्म दिन चैत्र।
पूरण चालीसा किया, हरी भक्तन हित नेत्र॥

सरस्वती चालीसा

॥ दोहा ॥

जनक जननि पद कमल रज, निज मस्तक पर धारि।
बन्दौं मातु सरस्वती, बुद्धि बल दे दातारि॥

पूर्ण जगत में व्याप्त तव, महिमा अमित अनंतु।
रामसागर के पाप को, मातु तुही अब हन्तु॥

॥ चौपाई ॥

जय श्री सकल बुद्धि बलरासी।
जय सर्वज्ञ अमर अविनासी॥
जय जय जय वीणाकर धारी।
करती सदा सुहंस सवारी॥

रूप चतुर्भुजधारी माता।
सकल विश्व अन्दर विख्याता॥
जग में पाप बुद्धि जब होती।
जबहि धर्म की फीकी ज्योती॥

तबहि मातु ले निज अवतारा।
पाप हीन करती महि तारा॥
बाल्मीकि जी थे बहम ज्ञानी।
तव प्रसाद जानै संसारा॥

रामायण जो रचे बनाई।
आदि कवी की पदवी पाई॥
कालिदास जो भये विख्याता।
तेरी कृपा दृष्टि से माता॥

तुलसी सूर आदि विद्धाना।
भये और जो ज्ञानी नाना॥
तिन्हहिं न और रहेउ अवलम्बा।
केवल कृपा आपकी अम्बा॥

करहु कृपा सोइ मातु भवानी।
दुखित दीन निज दासहि जानी॥
पुत्र करै अपराध बहूता।
तेहि न धरइ चित सुन्दर माता॥

राखु लाज जननी अब मेरी।
विनय करूं बहु भाँति घनेरी॥
मैं अनाथ तेरी अवलंबा।
कृपा करउ जय जय जगदंबा॥

मधु कैटभ जो अति बलवाना।
बाहुयुद्ध विष्णू ते ठाना॥
समर हजार पांच में घोरा।
फिर भी मुख उनसे नहिं मोरा॥

मातु सहाय भई तेहि काला।
बुद्धि विपरीत करी खलहाला॥
तेहि ते मृत्यु भई खल केरी।
पुरवहु मातु मनोरथ मेरी॥

चंड मुण्ड जो थे विख्याता।
छण महुं संहारेउ तेहि माता॥
रक्तबीज से समरथ पापी।
सुर-मुनि हृदय धरा सब कांपी॥

काटेउ सिर जिम कदली खम्बा।
बार बार बिनवउं जगदंबा॥
जग प्रसिद्ध जो शुंभ निशुंभा।
छिन में बधे ताहि तू अम्बा॥

भरत-मातु बुधि फेरेउ जाई।
रामचन्द्र बनवास कराई॥
एहि विधि रावन वध तुम कीन्हा।
सुर नर मुनि सब कहुं सुख दीन्हा॥

को समरथ तव यश गुन गाना।
निगम अनादि अनंत बखाना॥
विष्णु रुद्र अज सकहिं न मारी।
जिनकी हो तुम रक्षाकारी॥

रक्त दन्तिका और शताक्षी।
नाम अपार है दानव भक्षी॥
दुर्गम काज धरा पर कीन्हा।
दुर्गा नाम सकल जग लीन्हा॥

दुर्ग आदि हरनी तू माता।
कृपा करहु जब जब सुखदाता॥
नृप कोपित जो मारन चाहै।
कानन में घेरे मृग नाहै॥

सागर मध्य पोत के भंगे।
अति तूफान नहिं कोऊ संगे॥
भूत प्रेत बाधा या दुःख में।
हो दरिद्र अथवा संकट में॥

नाम जपे मंगल सब होई।
संशय इसमें करइ न कोई॥
पुत्रहीन जो आतुर भाई।
सबै छांड़ि पूजें एहि माई॥

करै पाठ नित यह चालीसा।
होय पुत्र सुन्दर गुण ईसा॥
धूपादिक नैवेद्य चढावै।
संकट रहित अवश्य हो जावै॥

भक्ति मातु की करै हमेशा।
निकट न आवै ताहि कलेशा॥
बंदी पाठ करें शत बारा।
बंदी पाश दूर हो सारा॥

करहु कृपा भवमुक्ति भवानी।
मो कहं दास सदा निज जानी॥

॥ दोहा ॥
माता सूरज कान्ति तव, अंधकार मम रूप।
डूबन ते रक्षा करहु, परूं न मैं भव-कूप॥

बल बुद्धि विद्या देहुं मोहि, सुनहु सरस्वति मातु।
अधम रामसागरहिं तुम, आश्रय देउ पुनातु॥

श्री ललिता चालीसा

॥ चौपाई ॥

जयति जयति जय ललिते माता।
तव गुण महिमा है विख्याता॥
तू सुन्दरी, त्रिपुरेश्वरी देवी।
सुर नर मुनि तेरे पद सेवी॥

तू कल्याणी कष्ट निवारिणी।
तू सुख दायिनी, विपदा हारिणी॥
मोह विनाशिनी दैत्य नाशिनी।
भक्त भाविनी ज्योति प्रकाशिनी॥

आदि शक्ति श्री विद्या रूपा।
चक्र स्वामिनी देह अनूपा॥
हृदय निवासिनी-भक्त तारिणी।
नाना कष्ट विपति दल हारिणी॥

दश विद्या है रुप तुम्हारा।
श्री चन्द्रेश्वरी नैमिष प्यारा॥
धूमा, बगला, भैरवी, तारा।
भुवनेश्वरी, कमला, विस्तारा॥

षोडशी, छिन्नमस्ता, मातंगी।
ललितेशक्ति तुम्हारी संगी॥
ललिते तुम हो ज्योतित भाला।
भक्त जनों का काम संभाला॥

भारी संकट जब-जब आये।
उनसे तुमने भक्त बचाए॥
जिसने कृपा तुम्हारी पायी।
उसकी सब विधि से बन आयी॥

संकट दूर करो माँ भारी।
भक्त जनों को आस तुम्हारी॥
त्रिपुरेश्वरी, शैलजा, भवानी।
जय जय जय शिव की महारानी॥

योग सिद्धि पावें सब योगी।
भोगें भोग महा सुख भोगी॥
कृपा तुम्हारी पाके माता।
जीवन सुखमय है बन जाता॥

दुखियों को तुमने अपनाया।
महा मूढ़ जो शरण न आया॥
तुमने जिसकी ओर निहारा।
मिली उसे सम्पत्ति, सुख सारा॥

आदि शक्ति जय त्रिपुर प्यारी।
महाशक्ति जय जय, भय हारी॥
कुल योगिनी, कुण्डलिनी रूपा।
लीला ललिते करें अनूपा॥

महा-महेश्वरी, महा शक्ति दे।
त्रिपुर-सुन्दरी सदा भक्ति दे॥
महा महा-नन्दे कल्याणी।
मूकों को देती हो वाणी॥

इच्छा-ज्ञान-क्रिया का भागी।
होता तब सेवा अनुरागी॥
जो ललिते तेरा गुण गावे।
उसे न कोई कष्ट सतावे॥

सर्व मंगले ज्वाला-मालिनी।
तुम हो सर्व शक्ति संचालिनी॥
आया माँ जो शरण तुम्हारी।
विपदा हरी उसी की सारी॥

नामा कर्षिणी, चिन्ता कर्षिणी।
सर्व मोहिनी सब सुख-वर्षिणी॥
महिमा तव सब जग विख्याता।
तुम हो दयामयी जग माता॥

सब सौभाग्य दायिनी ललिता।
तुम हो सुखदा करुणा कलिता॥
आनन्द, सुख, सम्पत्ति देती हो।
कष्ट भयानक हर लेती हो॥

मन से जो जन तुमको ध्यावे।
वह तुरन्त मन वांछित पावे॥
लक्ष्मी, दुर्गा तुम हो काली।
तुम्हीं शारदा चक्र-कपाली॥

मूलाधार, निवासिनी जय जय।
सहस्त्रार गामिनी माँ जय जय॥
छः चक्रों को भेदने वाली।
करती हो सबकी रखवाली॥

योगी, भोगी, क्रोधी, कामी।
सब हैं सेवक सब अनुगामी॥
सबको पार लगाती हो माँ।
सब पर दया दिखाती हो माँ॥

हेमावती, उमा, ब्रह्माणी।
भण्डासुर कि हृदय विदारिणी॥
सर्व विपति हर, सर्वाधारे।
तुमने कुटिल कुपंथी तारे॥

चन्द्र- धारिणी, नैमिश्वासिनी।
कृपा करो ललिते अधनाशिनी॥
भक्त जनों को दरस दिखाओ।
संशय भय सब शीघ्र मिटाओ॥

जो कोई पढ़े ललिता चालीसा।
होवे सुख आनन्द अधीसा॥
जिस पर कोई संकट आवे।
पाठ करे संकट मिट जावे॥

ध्यान लगा पढ़े इक्कीस बारा।
पूर्ण मनोरथ होवे सारा॥
पुत्र-हीन संतति सुख पावे।
निर्धन धनी बने गुण गावे॥

इस विधि पाठ करे जो कोई।
दुःख बन्धन छूटे सुख होई॥
जितेन्द्र चन्द्र भारतीय बतावें।
पढ़ें चालीसा तो सुख पावें॥

सबसे लघु उपाय यह जानो।
सिद्ध होय मन में जो ठानो॥
ललिता करे हृदय में बासा।
सिद्धि देत ललिता चालीसा॥

॥ दोहा ॥

ललिते माँ अब कृपा करो, सिद्ध करो सब काम।
श्रद्धा से सिर नाय करे, करते तुम्हें प्रणाम॥

तुलसी चालीसा

॥ दोहा ॥

जय जय तुलसी भगवती, सत्यवती सुखदानी।
नमो नमो हरि प्रेयसी, श्री वृन्दा गुन खानी॥

श्री हरि शीश बिरजिनी, देहु अमर वर अम्ब।
जनहित हे वृन्दावनी, अब न करहु विलम्ब॥

॥ चौपाई ॥

धन्य धन्य श्री तुलसी माता।
महिमा अगम सदा श्रुति गाता॥
हरि के प्राणहु से तुम प्यारी।
हरीहीँ हेतु कीन्हो तप भारी॥

जब प्रसन्न है दर्शन दीन्ह्यो।
तब कर जोरी विनय उस कीन्ह्यो॥
हे भगवन्त कन्त मम होहू।
दीन जानी जनि छाडाहू छोहु॥

सुनी लक्ष्मी तुलसी की बानी।
दीन्हो श्राप कध पर आनी॥
उस अयोग्य वर मांगन हारी।
होहू विटप तुम जड़ तनु धारी॥

सुनी तुलसी हीँ श्रप्यो तेहिं ठामा।
करहु वास तुहू नीचन धामा॥
दियो वचन हरि तब तत्काला।
सुनहु सुमुखी जनि होहू बिहाला॥

समय पाई व्हौ रौ पाती तोरा।
आस वचन सत मोरा॥
तब गोकुल मह गोप सुदामा।
तासु भई तुलसी तू बामा॥

कृष्ण रास लीला के माही।
राधे शक्यो प्रेम लखी नाही॥
दियो श्राप तुलसिह तत्काला।
नर लोकही तुम जन्महु बाला॥

यो गोप वह दानव राजा।
शङ्ख चुड नामक शिर ताजा॥
तुलसी भई तासु की नारी।
परम सती गुण रूप अगारी॥

अस द्वै कल्प बीत जब गयऊ।
कल्प तृतीय जन्म तब भयऊ॥
वृन्दा नाम भयो तुलसी को।
असुर जलन्धर नाम पति को॥

करि अति द्वन्द अतुल बलधामा।
लीन्हा शंकर से संग्राम॥
जब निज सैन्य सहित शिव हारे।
मरही न तब हर हरिही पुकारे॥

पतिव्रता वृन्दा थी नारी।
कोऊ न सके पतिहि संहारी॥
तब जलन्धर ही भेष बनाई।
वृन्दा ढिग हरि पहुच्यो जाई॥

शिव हित लही करि कपट प्रसंगा।
किया सतीत्व धर्म तोही भंगा॥
भयो जलन्धर कर संहारा।
सुनी उर शोक उपारा॥

तिही क्षण दियो कपट हरि टारी।
लखी वृन्दा दुःख गिरा उचारी॥
जलन्धर जस हत्यो अभीता।
सोई रावन तस हरिही सीता॥

अस प्रस्तर सम हृदय तुम्हारा।
धर्म खण्डी मम पतिहि संहारा॥
यही कारण लही श्राप हमारा।
होवे तनु पाषाण तुम्हारा॥

सुनी हरि तुरतहि वचन उचारे।
दियो श्राप बिना विचारे॥
लख्यो न निज करतूती पति को।
छलन चह्यो जब पारवती को॥

जड़मति तुहु अस हो जड़रूपा।
जग मह तुलसी विटप अनूपा॥
धग्व रूप हम शालिग्रामा।
नदी गण्डकी बीच ललामा॥

जो तुलसी दल हमही चढ़ इहैं।
सब सुख भोगी परम पद पईहै॥
बिनु तुलसी हरि जलत शरीरा।
अतिशय उठत शीश उर पीरा॥

जो तुलसी दल हरि शिर धारत।
सो सहस्त्र घट अमृत डारत॥
तुलसी हरि मन रञ्जनी हारी।
रोग दोष दुःख भंजनी हारी॥

प्रेम सहित हरि भजन निरन्तर।
तुलसी राधा में नाही अन्तर॥
व्यन्जन हो छप्पनहु प्रकारा।
बिनु तुलसी दल न हरीहि प्यारा॥

सकल तीर्थ तुलसी तरु छाही।
लहत मुक्ति जन संशय नाही॥
कवि सुन्दर इक हरि गुण गावत।
तुलसिहि निकट सहसगुण पावत॥

बसत निकट दुर्बासा धामा।
जो प्रयास ते पूर्व ललामा॥
पाठ करहि जो नित नर नारी।
होही सुख भाषहि त्रिपुरारी॥

॥ दोहा ॥

तुलसी चालीसा पढ़ही, तुलसी तरु ग्रह धारी।
दीपदान करि पुत्र फल, पावही बन्ध्यहु नारी॥

सकल दुःख दरिद्र हरि, हार ह्वै परम प्रसन्न।
आशिय धन जन लड़हि, ग्रह बसही पूर्णा अत्र॥

लाही अभिमत फल जगत, मह लाही पूर्ण सब काम।
जेई दल अर्पही तुलसी तंह, सहस बसही हरीराम॥

तुलसी महिमा नाम लख, तुलसी सूत सुखराम।
मानस चालीस रच्यो, जग महं तुलसीदास॥

सीतला चालीसा

॥ दोहा ॥

जय-जय माता शीतला, तुमहिं धरै जो ध्यान।
होय विमल शीतल हृदय, विकसै बुद्धि बलज्ञान॥

॥ चौपाई ॥

जय-जय-जय शीतला भवानी।
जय जग जननि सकल गुणखानी॥
गृह-गृह शक्ति तुम्हारी राजित।
पूरण शरदचन्द्र समसाजित॥

विस्फोटक से जलत शरीरा।
शीतल करत हरत सब पीरा॥
मातु शीतला तव शुभनामा।
सबके गाढ़े आवहिं कामा॥

शोकहरी शंकरी भवानी।
बाल-प्राणरक्षी सुख दानी॥
शुचि मार्जनी कलश करराजै।
मस्तक तेज सूर्य समराजै॥

चौसठ योगिन संग में गावैं।
वीणा ताल मृदंग बजावै॥
नृत्य नाथ भैरो दिखरावैं।
सहज शेष शिव पार ना पावैं॥

धन्य-धन्य धात्री महारानी।
सुरनर मुनि तब सुयश बखानी॥
ज्वाला रूप महा बलकारी।
दैत्य एक विस्फोटक भारी॥

घर-घर प्रविशत कोई न रक्षत।
रोग रूप धरि बालक भक्षत॥
हाहाकार मच्यो जगभारी।
सक्यो न जब संकट टारी॥

तब मैया धरि अद्भुत रूपा।
करमें लिये मार्जनी सूपा॥
विस्फोटकहिं पकड़ि कर लीन्ह्यो।
मुसल प्रहार बहुविधि कीन्ह्यो॥

बहुत प्रकार वह विनती कीन्हा।
मैया नहीं भल मैं कछु चीन्हा॥
अबनहिं मातु, काहुगृह जइहौं।
जहँ अपवित्र सकल दुःख हरिहौं॥

भभकत तन, शीतल है जइहैं।
विस्फोटक भयघोर नसइहैं॥
श्री शीतलहिं भजे कल्याना।
वचन सत्य भाषे भगवाना॥

विस्फोटक भय जिहि गृह भाई।
भजै देवि कहँ यही उपाई॥
कलश शीतला का सजवावै।
द्विज से विधिवत पाठ करावै॥

तुम्हीं शीतला, जग की माता।
तुम्हीं पिता जग की सुखदाता॥
तुम्हीं जगद्धात्री सुखसेवी।
नमो नमामि शीतले देवी॥

नमो सुक्खकरणी दुःखहरणी।
नमो-नमो जगतारणि तरणी॥
नमो-नमो त्रैलोक्य वन्दिनी।
दुखदारिद्रादिक कन्दिनी॥

श्री शीतला, शेढ़ला, महला।
रुणलीह्युणनी मातु मंदला॥
हो तुम दिगम्बर तनुधारी।
शोभित पंचनाम असवारी॥

रासभ, खर बैशाख सुनन्दन।
गर्दभ दुर्वाकंद निकन्दन॥
सुमिरत संग शीतला माई।
जाहि सकल दुख दूर पराई॥

गलका, गलगन्डादि जुहोई।
ताकर मंत्र न औषधि कोई॥
एक मातु जी का आराधन।
और नहिं कोई है साधन॥

निश्चय मातु शरण जो आवै।
निर्भय मन इच्छित फल पावै॥
कोढ़ी, निर्मल काया धारै।
अन्धा, दृग-निज दृष्टि निहारै॥

वन्ध्या नारि पुत्र को पावै।
जन्म दरिद्र धनी होई जावै॥
मातु शीतला के गुण गावत।
लखा मूक को छन्द बनावत॥

यामे कोई करै जनि शंका।
जग मे मैया का ही डंका॥
भगत 'कमल' प्रभुदासा ।
तट प्रयाग से पूरब पासा ॥

ग्राम तिवारी पूर मम बासा ।
ककरा गंगा तट दुर्वासा ॥
अब विलंब मैं तोहि पुकारत ।
मातृ कृपा कौ बाट निहारत ॥

पड़ा द्वार सब आस लगाई ।
अब सुधि लेत शीतला माई

॥ दोहा ॥

यह चालीसा शीतला, पाठ करे जो कोय ।
सपनें दुख व्यापे नही, नित सब मंगल होय ॥

बुझे सहस्त्र विक्रमी शुक्ल, भाल भल किंतू ।
जग जननी का ये चरित, रचित भक्ति रस बिंतू ॥

विन्ध्येश्वरी चालीसा

॥ दोहा ॥

नमो नमो विन्ध्येश्वरी, नमो नमो जगदम्ब।
सन्तजनों के काज में, माँ करती नहीं विलम्ब॥

॥ चौपाई ॥

जय जय जय विन्ध्याचल रानी।
आदि शक्ति जग विदित भवानी॥
सिंहवाहिनी जै जग माता।
जय जय जय त्रिभुवन सुखदाता॥

कष्ट निवारिनी जय जग देवी।
जय जय जय जय असुरासुर सेवी॥
महिमा अमित अपार तुम्हारी।
शेष सहस मुख वर्णत हारी॥

दीनन के दुःख हरत भवानी।
नहिं देख्यो तुम सम कोई दानी॥
सब कर मनसा पुरवत माता।
महिमा अमित जगत विख्याता॥

जो जन ध्यान तुम्हारो लावै।
सो तुरतहि वांछित फल पावै॥
तू ही वैष्णवी तू ही रुद्राणी।
तू ही शारदा अरु ब्रह्माणी॥

रमा राधिका शामा काली।
तू ही मात सन्तन प्रतिपाली॥
उमा माधवी चण्डी ज्वाला।
बेगि मोहि पर होहु दयाला॥

तू ही हिंगलाज महारानी।
तू ही शीतला अरु विज्ञानी॥
दुर्गा दुर्ग विनाशिनी माता।
तू ही लक्श्मी जग सुखदाता॥

तू ही जान्हवी अरु उत्रानी।
हेमावती अम्बे निर्वानी॥
अष्टभुजी वाराहिनी देवी।
करत विष्णु शिव जाकर सेवी॥

चोंसट्ठी देवी कल्यानी।
गौरी मंगला सब गुण खानी॥
पाटन मुम्बा दन्त कुमारी।
भद्रकाली सुन विनय हमारी॥

वज्रधारिणी शोक नाशिनी।
आयु रक्शिणी विन्ध्यवासिनी॥
जया और विजया बैताली।
मातु सुगन्धा अरु विकराली॥

नाम अनन्त तुम्हार भवानी।
बरनैं किमि मानुष अज्ञानी॥
जा पर कृपा मातु तव होई।
तो वह करै चहै मन जोई॥

कृपा करहु मो पर महारानी।
सिद्धि करिय अम्बे मम बानी॥
जो नर धरै मातु कर ध्याना।
ताकर सदा होय कल्याना॥

विपत्ति ताहि सपनेहु नहिं आवै।
जो देवी कर जाप करावै॥
जो नर कहं ऋण होय अपारा।
सो नर पाठ करै शत बारा॥

निश्चय ऋण मोचन होई जाई।
जो नर पाठ करै मन लाई॥
अस्तुति जो नर पढ़े पढ़ावे।
या जग में सो बहु सुख पावै॥

जाको व्याधि सतावै भाई।
जाप करत सब दूरि पराई॥
जो नर अति बन्दी महं होई।
बार हजार पाठ कर सोई॥

निश्चय बन्दी ते छुटि जाई।
सत्य बचन मम मानहु भाई॥
जा पर जो कछु संकट होई।
निश्चय देबिहि सुमिरै सोई॥

जो नर पुत्र होय नहिं भाई।
सो नर या विधि करे उपाई॥
पांच वर्ष सो पाठ करावै।
नौरातर में विप्र जिमावै॥

निश्चय होय प्रसन्न भवानी।
पुत्र देहि ताकहं गुण खानी॥
ध्वजा नारियल आनि चढ़ावै।
विधि समेत पूजन करवावै॥

नित प्रति पाठ करै मन लाई।
प्रेम सहित नहिं आन उपाई॥
यह श्री विन्ध्याचल चालीसा।
रंक पढ़त होवे अवनीसा॥

यह जनि अचरज मानहु भाई।
कृपा दृष्टि तापर होई जाई॥
जय जय जय जगमातु भवानी।
कृपा करहु मो पर जन जानी॥

श्री काली चालीसा

॥ दोहा ॥

जयकाली कलिमलहरण, महिमा अगम अपार ।
महिष मर्दिनी कालिका , देहु अभय अपार ॥

अरि मद मान मिटावन हारी ।
मुण्डमाल गल सोहत प्यारी ॥
अष्टभुजी सुखदायक माता ।
दुष्टदलन जग में विख्याता ॥

भाल विशाल मुकुट छविछाजै ।
कर में शीश शत्रु का साजै ॥
दूजे हाथ लिए मधु प्याला ।
हाथ तीसरे सोहत भाला ॥

चौथे खप्पर खड्ग कर पांचे ।
छठे त्रिशूलशत्रु बल जांचे ॥
सप्तम करदमकत असि प्यारी ।
शोभा अद्भुत मात तुम्हारी ॥

अष्टम कर भक्तन वर दाता ।
जग मनहरण रूप ये माता ॥
भक्तन में अनुरक्त भवानी ।
निशदिन रटेंऋषी-मुनि ज्ञानी ॥

महशक्ति अति प्रबल पुनीता ।
तू ही काली तू ही सीता ॥
पतित तारिणी हे जग पालक ।
कल्याणी पापीकुल घालक ॥

शेष सुरेश न पावत पारा ।
गौरी रूप धर्यो इक बारा ॥
तुम समान दाता नहिं दूजा ।
विधिवत करें भक्तजन पूजा ॥

रूप भयंकर जब तुम धारा ।
दुष्टदलन कीन्हेहु संहारा ॥
नाम अनेकन मात तुम्हारे ।
भक्तजनों के संकट टारे ॥

कलि के कष्ट कलेशन हरनी ।
भव भय मोचन मंगल करनी ॥
महिमा अगम वेद यश गावैं ।
नारद शारद पार न पावैं ॥

भू पर भार बढ्यौ जब भारी ।
तब तब तुम प्रकटीं महतारी ॥
आदि अनादि अभय वरदाता ।
विश्वविदित भव संकट त्राता ॥

कुसमय नाम तुम्हारौ लीन्हा ।
उसको सदा अभय वर दीन्हा ॥
ध्यान धरें श्रुति शेष सुरेशा ।
काल रूप लखि तुमरो भेषा ॥

कलुआ भैंरों संग तुम्हारे ।
अरि हित रूप भयानक धारे ॥
सेवक लांगुर रहत अगारी ।
चौसठ जोगन आज्ञाकारी ॥

त्रेता में रघुवर हित आई ।
दशकंधर की सैन नसाई ॥
खेला रण का खेल निराला ।
भरा मांस-मज्जा से प्याला ॥

रौद्र रूप लखि दानव भागे ।
कियौ गवन भवन निज त्यागे ॥
तब ऐसौ तामस चढ़ आयो ।
स्वजन विजन को भेद भुलायो ॥

ये बालक लखि शंकर आए ।
राह रोक चरनन में धाए ॥
तब मुख जीभ निकर जो आई ।
यही रूप प्रचलित है माई ॥

बाढ्यो महिषासुर मद भारी ।
पीड़ित किए सकल नर-नारी ॥
करूण पुकार सुनी भक्तन की ।
पीर मिटावन हित जन-जन की ॥

तब प्रगटी निज सैन समेता ।
नाम पड़ा मां महिष विजेता ॥
शुंभ निशुंभ हने छन माहीं ।
तुम सम जग दूसर कोउ नाहीं ॥

मान मथनहारी खल दल के ।
सदा सहायक भक्त विकल के ॥
दीन विहीन करैं नित सेवा ।
पावैं मनवांछित फल मेवा ॥

संकट में जो सुमिरन करहीं ।
उनके कष्ट मातु तुम हरहीं ॥
प्रेम सहित जो कीरतिगावैं ।
भव बन्धन सों मुक्ती पावैं ॥

काली चालीसा जो पढ़हीं ।
स्वर्गलोक बिनु बंधन चढ़हीं ॥
दया दृष्टि हेरौ जगदम्बा ।
केहि कारणमां कियौ विलम्बा ॥

करहु मातु भक्तन रखवाली ।
जयति जयति काली कंकाली ॥
सेवक दीन अनाथ अनारी।
भक्तिभाव युति शरण तुम्हारी ॥

॥ दोहा ॥

प्रेम सहित जो करे, काली चालीसा पाठ ।
तिनकी पूरन कामना, होय सकल जग ठाठ ॥

महाकाली चालीसा

॥ दोहा ॥

जय जय सीताराम के, मध्यवासिनी अम्ब।
देहु दर्श जगदम्ब, अब करो न मातु विलम्ब॥

जय तारा जय कालिका, जय दश विद्या वृन्द।
काली चालीसा रचत, एक सिद्धि कवि हिन्द॥

प्रातः काल उठ जो पढ़े, दुपहरिया या शाम।
दुःख दरिद्रता दूर हों, सिद्धि होय सब काम॥

॥ चौपाई ॥

जय काली कंकाल मालिनी।
जय मंगला महा कपालिनी॥
रक्तबीज बधकारिणि माता।
सदा भक्त जननकी सुखदाता॥

शिरो मालिका भूषित अंगे।
जय काली जय मद्य मतंगे॥
हर हृदयारविन्द सुविलासिनि।
जय जगदम्बा सकल दुःख नाशिनि॥

ह्रीं काली श्री महाकाली।
क्रीं कल्याणी दक्षिणाकाली॥
जय कलावती जय विद्यावती।
जय तारा सुन्दरी महामति॥

देहु सुबुद्धि हरहु सब संकट।
होहु भक्त के आगे परगट॥
जय ॐ कारे जय हुंकारे।
महा शक्ति जय अपरम्पारे॥

कमला कलियुग दर्प विनाशिनी।
सदा भक्त जन के भयनाशिनी॥
अब जगदम्ब न देर लगावहु।
दुख दरिद्रता मोर हटावहु॥

जयति कराल कालिका माता।
कालानल समान द्युतिगाता॥
जयशंकरी सुरेशि सनातनि।
कोटि सिद्धि कवि मातु पुरातनि॥

कपर्दिनी कलि कल्प बिमोचनि।
जय विकसित नव नलिनविलोचनि॥
आनन्द करणि आनन्द निधाना।
देहुमातु मोहि निर्मल ज्ञाना॥

करुणामृत सागर कृपामयी।
होहु दुष्ट जनपर अब निर्दयी॥
सकल जीव तोहि परम पियारा।
सकल विश्व तोरे आधारा॥

प्रलय काल में नर्तन कारिणि।
जय जननी सब जग की पालनि॥
महोदरी महेश्वरी माया।
हिमगिरि सुता विश्व की छाया॥

स्वछन्द रद मारद धुनि माही।
गर्जत तुम्ही और कोउ नाही॥
स्फुरति मणिगणाकार प्रताने।
तारागण तू ब्योम विताने॥

श्री धारे सन्तन हितकारिणी।
अग्नि पाणि अति दुष्ट विदारिणि॥
धूम्र विलोचनि प्राण विमोचनि।
शुम्भ निशुम्भ मथनि वरलोचनि॥

सहस भुजी सरोरुह मालिनी।
चामुण्डे मरघट की वासिनी॥
खप्पर मध्य सुशोणित साजी।
मारेहु माँ महिषासुर पाजी॥

अम्ब अम्बिका चण्ड चण्डिका।
सब एके तुम आदि कालिका॥
अजा एकरूपा बहुरूपा।
अकथ चरित्र तव शक्ति अनूपा॥

कलकत्ता के दक्षिण द्वारे।
मूरति तोर महेशि अपारे॥
कादम्बरी पानरत श्यामा।
जय मातंगी काम के धामा॥

कमलासन वासिनी कमलायनि।
जय श्यामा जय जय श्यामायनि॥
मातंगी जय जयति प्रकृति हे।
जयति भक्ति उर कुमति सुमति है॥

कोटिब्रह्म शिव विष्णु कामदा।
जयति अहिंसा धर्म जन्मदा॥
जल थल नभमण्डल में व्यापिनी।
सौदामिनि मध्य अलापिनि॥

झननन तच्छु मरिरिन नादिनि।
जय सरस्वती वीणा वादिनी॥
ॐ ऐं ह्रीं क्लीं चामुण्डायै विच्चे।
कलित कण्ठ शोभित नरमुण्डा॥

जय ब्रह्माण्ड सिद्धि कवि माता।
कामाख्या और काली माता॥
हिंगलाज विन्ध्याचल वासिनी।
अट्टहासिनी अरु अघन नाशिनी॥

कितनी स्तुति करूँ अखण्डे।
तू ब्रह्माण्डे शक्तिजितचण्डे॥
करहु कृपा सबपे जगदम्बा।
रहहिं निशंक तोर अवलम्बा॥

चतुर्भुजी काली तुम श्यामा।
रूप तुम्हार महा अभिरामा॥
खड्ग और खप्पर कर सोहत।
सुर नर मुनि सबको मन मोहत॥

तुम्हरि कृपा पावे जो कोई।
रोग शोक नहिं ताकहँ होई॥
जो यह पाठ करे चालीसा।
तापर कृपा करहि गौरीशा॥

॥ दोहा ॥

जय कपालिनी जय शिवा, जय जय जय जगदम्ब।
सदा भक्तजन केरि दुःख हरहु, मातु अवलम्ब॥

राधा चालीसा

॥ दोहा ॥

श्री राधे वृषभानुजा, भक्तनि प्राणाधार।
वृन्दाविपिन विहारिणि, प्रणवौं बारंबार॥

जैसौ तैसौ रावरौ, कृष्ण प्रिया सुखधाम।
चरण शरण निज दीजिये, सुन्दर सुखद ललाम॥

॥ चौपाई ॥

जय वृषभानु कुँवरि श्री श्यामा।
कीरति नंदिनी शोभा धामा॥
नित्य विहारिनि श्याम अधारा।
अमित मोद मंगल दातारा॥

रास विलासिनि रस विस्तारिनि।
सहचरि सुभग यूथ मन भावनि॥
नित्य किशोरी राधा गोरी।
श्याम प्राणधन अति जिय भोरी॥

करुणा सागर हिय उमंगिनी।
ललितादिक सखियन की संगिनी॥
दिन कर कन्या कूल विहारिनि।
कृष्ण प्राण प्रिय हिय हुलसावनि॥

नित्य श्याम तुमरौ गुण गावैं।
राधा राधा कहि हरषावैं॥
मुरली में नित नाम उचारें।
तुव कारण लीला वपु धारें॥

प्रेम स्वरूपिणि अति सुकुमारी।
श्याम प्रिया वृषभानु दुलारी॥
नवल किशोरी अति छवि धामा।
द्युति लघु लगै कोटि रति कामा॥

गौरांगी शशि निंदक बदना।
सुभग चपल अनियारे नयना॥
जावक युत युग पंकज चरना।
नूपुर धुनि प्रीतम मन हरना॥

संतत सहचरि सेवा करहीं।
महा मोद मंगल मन भरहीं॥
रसिकन जीवन प्राण अधारा।
राधा नाम सकल सुख सारा॥

अगम अगोचर नित्य स्वरूपा।
ध्यान धरत निशिदिन ब्रज भूपा॥
उपजेउ जासु अंश गुण खानी।
कोटिन उमा रमा ब्रह्मानी॥

नित्य धाम गोलोक विहारिनि।
जन रक्षक दुख दोष नसावनि॥
शिव अज मुनि सनकादिक नारद।
पार न पाँइ शेष अरु शारद॥

राधा शुभ गुण रूप उजारी।
निरखि प्रसन्न होत बनबारी॥
ब्रज जीवन धन राधा रानी।
महिमा अमित न जाय बखानी॥

प्रीतम संग देइ गलबाँही।
बिहरत नित वृन्दावन माँही॥
राधा कृष्ण कृष्ण कहैं राधा।
एक रूप दोउ प्रीति अगाधा॥

श्री राधा मोहन मन हरनी।
जन सुख दायक प्रफुलित बदनी॥
कोटिक रूप धरें नंद नंदा।
दर्श करन हित गोकुल चन्दा॥

रास केलि करि तुम्हें रिझावें।
मान करौ जब अति दुःख पावें॥
प्रफुलित होत दर्श जब पावें।
विविध भांति नित विनय सुनावें॥

वृन्दारण्य विहारिनि श्यामा।
नाम लेत पूरण सब कामा॥
कोटिन यज्ञ तपस्या करहू।
विविध नेम व्रत हिय में धरहू॥

तऊ न श्याम भक्तहिं अपनावें।
जब लगि राधा नाम न गावें॥
वृन्दाविपिन स्वामिनी राधा।
लीला वपु तब अमित अगाधा॥

स्वयं कृष्ण पावैं नहिं पारा।
और तुम्हें को जानन हारा॥
श्री राधा रस प्रीति अभेदा।
सादर गान करत नित वेदा॥

राधा त्यागि कृष्ण को भजिहैं।
ते सपनेहु जग जलधि न तरि हैं॥
कीरति कुँवरि लाड़िली राधा।
सुमिरत सकल मिटहिं भवबाधा॥

नाम अमंगल मूल नसावन।
त्रिविध ताप हर हरि मनभावन॥
राधा नाम लेइ जो कोई।
सहजहि दामोदर बस होई॥

राधा नाम परम सुखदाई।
भजतहिं कृपा करहिं यदुराई॥
यशुमति नन्दन पीछे फिरिहैं।
जो कोऊ राधा नाम सुमिरिहैं॥

रास विहारिनि श्यामा प्यारी।
करहु कृपा बरसाने वारी॥
वृन्दावन है शरण तिहारी।
जय जय जय वृषभानु दुलारी॥

॥ दोहा ॥
श्रीराधा सर्वेश्वरी, रसिकेश्वर घनश्याम।
करहुँ निरंतर बास मैं, श्रीवृन्दावन धाम॥

वैष्णो देवी चालीसा

॥ दोहा ॥

गरुड़ वाहिनी वैष्णवी, त्रिकुटा पर्वत धाम।
काली, लक्ष्मी, सरस्वती, शक्ति तुम्हें प्रणाम॥

॥ चौपाई ॥

नमोः नमोः वैष्णो वरदानी।
कलि काल मे शुभ कल्याणी॥
मणि पर्वत पर ज्योति तुम्हारी।
पिंडी रूप में हो अवतारी॥

देवी देवता अंश दियो है।
रत्नाकर घर जन्म लियो है॥
करी तपस्या राम को पाऊँ।
त्रेता की शक्ति कहलाऊँ॥

कहा राम मणि पर्वत जाओ।
कलियुग की देवी कहलाओ॥
विष्णु रूप से कल्की बनकर।
लूंगा शक्ति रूप बदलकर॥

तब तक त्रिकुटा घाटी जाओ।
गुफा अंधेरी जाकर पाओ॥
काली-लक्ष्मी-सरस्वती माँ।
करेंगी शोषण-पार्वती माँ॥

ब्रह्मा, विष्णु, शंकर द्वारे।
हनुमत भैरों प्रहरी प्यारे॥
रिद्धि, सिद्धि चंवर डुलावें।
कलियुग-वासी पूजत आवें॥

पान सुपारी ध्वजा नारियल।
चरणामृत चरणों का निर्मल॥
दिया फलित वर माँ मुस्काई।
करन तपस्या पर्वत आई॥

कलि कालकी भड़की ज्याला।
इक दिन अपना रूप निकाला॥
कन्या बन नगरोटा आई।
योगी भैरों दिया दिखाई॥

रूप देख सुन्दर ललचाया।
पीछे-पीछे भागा आया॥
कन्याओं के साथ मिली माँ।
कौल-कंदौली तभी चली माँ॥

देवा माई दर्शन दीना।
पवन रूप हो गई प्रवीणा॥
नवरात्रों में लीला रचाई।
भक्त श्रीधर के घर आई॥

योगिन को भण्डारा दीना।
सबने रूचिकर भोजन कीना॥
मांस, मदिरा भैरों मांगी।
रूप पवन कर इच्छा त्यागी॥

बाण मारकर गंगा निकाली।
पर्वत भागी हो मतवाली॥
चरण रखे आ एक शिला जब।
चरण-पादुका नाम पड़ा तब॥

पीछे भैरों था बलकारी।
छोटी गुफा में जाय पधारी॥
नौ माह तक किया निवासा।
चली फोड़कर किया प्रकाशा॥

आद्या शक्ति-ब्रह्म कुमारी।
कहलाई माँ आद कुंवारी॥
गुफा द्वार पहुँची मुस्काई।
लांगुर वीर ने आज्ञा पाई॥

भागा-भागा भैरों आया।
रक्षा हित निज शस्त्र चलाया॥
पड़ा शीश जा पर्वत ऊपर।
किया क्षमा जा दिया उसे वर॥

अपने संग में पुजवाऊंगी।
भैरों घाटी बनवाऊंगी॥
पहले मेरा दर्शन होगा।
पीछे तेरा सुमरन होगा॥

बैठ गई माँ पिण्डी होकर।
चरणों में बहता जल झर-झर॥
चौंसठ योगिनी-भैंरो बरवन।
सप्तऋषि आ करते सुमरन॥

घंटा ध्वनि पर्वत पर बाजे।
गुफा निराली सुन्दर लागे॥
भक्त श्रीधर पूजन कीना।
भक्ति सेवा का वर लीना॥

सेवक ध्यानूं तुमको ध्याया।
ध्वजा व चोला आन चढ़ाया॥
सिंह सदा दर पहरा देता।
पंजा शेर का दुःख हर लेता॥

जम्बू द्वीप महाराज मनाया।
सर सोने का छत्र चढ़ाया॥
हीरे की मूरत संग प्यारी।
जगे अखंड इक जोत तुम्हारी॥

आश्विन चैत्र नवराते आऊँ।
पिण्डी रानी दर्शन पाऊँ॥
सेवक 'शर्मा' शरण तिहारी।
हरो वैष्णो विपत हमारी॥

॥ दोहा ॥
कलियुग में महिमा तेरी, है माँ अपरम्पार।
धर्म की हानि हो रही, प्रगट हो अवतार॥

संतोषी चालीसा

॥ दोहा ॥

श्री गणपति पद नाय सिर, धरि हिय शारदा ध्यान।
सन्तोषी मां की करूँ, कीरति सकल बखान॥

॥ चौपाई ॥

जय संतोषी मां जग जननी।
खल मति दुष्ट दैत्य दल हननी॥
गणपति देव तुम्हारे ताता।
रिद्धि सिद्धि कहलावहं माता॥

माता-पिता की रहौ दुलारी।
कीरति केहि विधि कहुं तुम्हारी॥
क्रीट मुकुट सिर अनुपम भारी।
कानन कुण्डल को छवि न्यारी॥

सोहत अंग छटा छवि प्यारी।
सुन्दर चीर सुनहरी धारी॥
आप चतुर्भुज सुघड़ विशाला।
धारण करहु गले वन माला॥

निकट है गौ अमित दुलारी।
करहु मयूर आप असवारी॥
जानत सबही आप प्रभुताई।
सुर नर मुनि सब करहिं बड़ाई॥

तुम्हरे दरश करत क्षण माई।
दुख दरिद्र सब जाय नसाई॥
वेद पुराण रहे यश गाई।
करहु भक्त की आप सहाई॥

ब्रह्मा ढिंग सरस्वती कहाई।
लक्ष्मी रूप विष्णु ढिंग आई॥
शिव ढिंग गिरजा रूप बिराजी।
महिमा तीनों लोक में गाजी॥

शक्ति रूप प्रगटी जन जानी।
रुद्र रूप भई मात भवानी॥
दुष्टदलन हित प्रगटी काली।
जगमग ज्योति प्रचंड निराली॥

चण्ड मुण्ड महिषासुर मारे।
शुम्भ निशुम्भ असुर हनि डारे॥
महिमा वेद पुरनान बरनी।
निज भक्तन के संकट हरनी॥

रूप शारदा हंस मोहिनी।
निरंकार साकार दाहिनी॥
प्रगटाई चहुंदिश निज माया।
कण कण में है तेज समाया॥

पृथ्वी सूर्य चन्द्र अरु तारे।
तव इंगित क्रम बद्ध हैं सारे॥
पालन पोषण तुमहीं करता।
क्षण भंगुर में प्राण हरता॥

ब्रह्मा विष्णु तुम्हें नित ध्यावैं।
शेष महेश सदा मन लावे॥
मनोकमना पूरण करनी।
पाप काटनी भव भय तरनी॥

चित्त लगाय तुम्हें जो ध्याता।
सो नर सुख सम्पत्ति है पाता॥
बन्ध्या नारि तुमहिं जो ध्यावैं।
पुत्र पुष्प लता सम वह पावैं॥

पति वियोगी अति व्याकुलनारी।
तुम वियोग अति व्याकुलयारी॥
कन्या जो कोइ तुमको ध्यावै।
अपना मन वांछित वर पावै॥

शीलवान गुणवान हो मैया।
अपने जन की नाव खिवैया॥
विधि पूर्वक व्रत जो कोई करहीं।
ताहि अमित सुख संपत्ति भरहीं॥

गुड़ और चना भोग तोहि भावै।
सेवा करै सो आनंद पावै॥
श्रद्धा युक्त ध्यान जो धरहीं।
सो नर निश्चय भव सों तरहीं॥

उद्यापन जो करहि तुम्हारा।
ताको सहज करहु निस्तारा॥
नारि सुहागिन व्रत जो करती।
सुख सम्पत्ति सों गोदी भरती॥

जो सुमिरत जैसी मन भावा।
सो नर वैसो ही फल पावा॥
सात शुक्र जो व्रत मन धारे।
ताके पूर्ण मनोरथ सारे॥

सेवा करहि भक्ति युत जोई।
ताको दूर दरिद्र दुख होई॥
जो जन शरण माता तेरी आवै।
ताके क्षण में काज बनावै॥

जय जय जय अम्बे कल्यानी।
कृपा करौ मोरी महारानी॥
जो कोई पढ़ै मात चालीसा।
तापे करहिं कृपा जगदीशा॥

नित प्रति पाठ करै इक बारा।
सो नर रहै तुम्हारा प्यारा॥
नाम लेत ब्याधा सब भागे।
रोग दोष कबहूँ नहीं लागे॥

॥ दोहा ॥

सन्तोषी माँ के सदा, बन्दहुँ पग निश वास।
पूर्ण मनोरथ हों सकल, मात हरौ भव त्रास॥

पार्वती चालीसा

॥ दोहा ॥

जय गिरी तनये दक्षजे, शम्भु प्रिये गुणखानि।
गणपति जननी पार्वती, अम्बे! शक्ति! भवानि॥

॥ चौपाई ॥

ब्रह्मा भेद न तुम्हरो पावे।
पंच बदन नित तुमको ध्यावे॥
षड्मुख कहि न सकत यश तेरो।
सहसबदन श्रम करत घनेरो॥

तेऊ पार न पावत माता।
स्थित रक्षा लय हित सजाता॥
अधर प्रवाल सदृश अरुणारे।
अति कमनीय नयन कजरारे॥

ललित ललाट विलेपित केशर।
कुंकुम अक्षत शोभा मनहर॥
कनक बसन कंचुकी सजाए।
कटी मेखला दिव्य लहराए॥

कण्ठ मदार हार की शोभा।
जाहि देखि सहजहि मन लोभा॥
बालारुण अनन्त छबि धारी।
आभूषण की शोभा प्यारी॥

नाना रत्न जटित सिंहासन।
तापर राजति हरि चतुरानन॥
इन्द्रादिक परिवार पूजित।
जग मृग नाग यक्ष रव कूजित॥

गिर कैलास निवासिनी जय जय।
कोटिक प्रभा विकासिन जय जय॥
त्रिभुवन सकल कुटुम्ब तिहारी।
अणु अणु महं तुम्हारी उजियारी॥

हैं महेश प्राणेश! तुम्हारे।
त्रिभुवन के जो नित रखवारे॥
उनसो पति तुम प्राप्त कीन्ह जब।
सुकृत पुरातन उदित भए तब॥

बूढ़ा बैल सवारी जिनकी।
महिमा का गावे कोउ तिनकी॥
सदा श्मशान बिहारी शंकर।
आभूषण हैं भुजंग भयंकर॥

कण्ठ हलाहल को छबि छायी।
नीलकण्ठ की पदवी पायी॥
देव मगन के हित अस कीन्हों।
विष लै आपु तिनहि अमि दीन्हों॥

ताकी तुम पत्नी छवि धारिणि।
दूरित विदारिणी मंगल कारिणि॥
देखि परम सौन्दर्य तिहारो।
त्रिभुवन चकित बनावन हारो॥

भय भीता सो माता गंगा।
लज्जा मय है सलिल तरंगा॥
सौत समान शम्भु पहआयी।
विष्णु पदाब्ज छोड़ि सो धायी॥

तेहिकों कमल बदन मुरझायो।
लखि सत्चर शिव शीश चढ़ायो॥
नित्यानन्द करी बरदायिनी।
अभय भक्त कर नित अनपायिनी॥

अखिल पाप त्रयताप निकन्दिनि।
माहेश्वरी हिमालय नन्दिनि॥
काशी पुरी सदा मन भायी।
सिद्ध पीठ तेहि आपु बनायी॥

भगवती प्रतिदिन भिक्षा दात्री।
कृपा प्रमोद सनेह विधात्री॥
रिपुक्षय कारिणि जय जय अम्बे।
वाचा सिद्ध करि अवलम्बे॥

गौरी उमा शंकरी काली।
अन्नपूर्णा जग प्रतिपाली॥
सब जन की ईश्वरी भगवती।
पतिप्राणा परमेश्वरी सती॥

तुमने कठिन तपस्या कीनी।
नारद सों जब शिक्षा लीनी॥
अन्न न नीर न वायु अहारा।
अस्थि मात्रतन भयउ तुम्हारा॥

पत्र घास को खाद्य न भायउ।
उमा नाम तब तुमने पायउ॥
तप बिलोकि रिषि सात पधारे।
लगे डिगावन डिगी न हारे॥

तब तव जय जय जय उच्चारेउ।
सप्तरिषि निज गेह सिधारेउ॥
सुर विधि विष्णु पास तब आए।
वर देने के वचन सुनाए॥

मांगे उमा वर पति तुम तिनसों।
चाहत जग त्रिभुवन निधि जिनसों॥
एवमस्तु कहि ते दोऊ गए।
सुफल मनोरथ तुमने लए॥

करि विवाह शिव सों हे भामा।
पुनः कहाई हर की बामा॥
जो पढ़िहै जन यह चालीसा।
धन जन सुख देइहै तेहि ईसा॥

॥ दोहा ॥

कूट चन्द्रिका सुभग शिर, जयति जयति सुख खानि।
पार्वती निज भक्त हित, रहहु सदा वरदानि॥

बगलामुखी चालीसा

॥ दोहा ॥

सिर नवाइ बगलामुखी, लिखूँ चालीसा आज।
कृपा करहु मोपर सदा, पूरन हो मम काज॥

॥ चौपाई ॥

जय जय जय श्री बगला माता।
आदिशक्ति सब जग की त्राता॥
बगला सम तब आनन माता।
एहि ते भयउ नाम विख्याता॥

शशि ललाट कुण्डल छवि न्यारी।
अस्तुति करहिं देव नर-नारी॥
पीतवसन तन पर तव राजै।
हाथहिं मुद्गर गदा विराजै॥

तीन नयन गल चम्पक माला।
अमित तेज प्रकटत है भाला॥
रत्न-जटित सिंहासन सोहै।
शोभा निरखि सकल जन मोहै॥

आसन पीतवर्ण महारानी।
भक्तन की तुम हो वरदानी॥
पीताभूषण पीतहिं चन्दन।
सुर नर नाग करत सब वन्दन॥

एहि विधि ध्यान हृदय में राखै।
वेद पुराण सन्त अस भाखै॥
अब पूजा विधि करौं प्रकाशा।
जाके किये होत दुख-नाशा॥

प्रथमहिं पीत ध्वजा फहरावै।
पीतवसन देवी पहिरावै॥
कुंकुम अक्षत मोदक बेसन।
अबिर गुलाल सुपारी चन्दन॥

माल्य हरिद्रा अरु फल पाना।
सबहिं चढ़इ धरै उर ध्याना॥
धूप दीप कर्पूर की बाती।
प्रेम-सहित तब करै आरती॥

अस्तुति करै हाथ दोउ जोरे।
पुरवहु मातु मनोरथ मोरे॥
मातु भगति तब सब सुख खानी।
करहु कृपा मोपर जनजानी॥

त्रिविध ताप सब दुःख नशावहु।
तिमिर मिटाकर ज्ञान बढ़ावहु॥
बार-बार मैं बिनवउँ तोहीं।
अविरल भगति ज्ञान दो मोहीं॥

पूजनान्त में हवन करावै।
सो नर मनवांछित फल पावै॥
सर्षप होम करै जो कोई।
ताके वश सचराचर होई॥

तिल तण्डुल संग क्षीर मिरावै।
भक्ति प्रेम से हवन करावै॥
दुःख दरिद्र व्यापै नहिं सोई।
निश्चय सुख-संपति सब होई॥

फूल अशोक हवन जो करई।
ताके गृह सुख-सम्पत्ति भरई॥
फल सेमर का होम करीजै।
निश्चय वाको रिपु सब छीजै॥

गुग्गुल घृत होमै जो कोई।
तेहि के वश में राजा होई॥
गुग्गुल तिल सँग होम करावै।
ताको सकल बन्ध कट जावै॥

बीजाक्षर का पाठ जो करहीं।
बीजमन्त्र तुम्हरो उच्चरहीं॥
एक मास निशि जो कर जापा।
तेहि कर मिटत सकल सन्तापा॥

घर की शुद्ध भूमि जहँ होई।
साधक जाप करै तहँ सोई॥
सोइ इच्छित फल निश्चय पावै।
जामे नहिं कछु संशय लावै॥

अथवा तीर नदी के जाई।
साधक जाप करै मन लाई॥
दस सहस्त्र जप करै जो कोई।
सकल काज तेहि कर सिधि होई॥

जाप करै जो लक्षहिं बारा।
ताकर होय सुयश विस्तारा॥
जो तव नाम जपै मन लाई।
अल्पकाल महँ रिपुहिं नसाई॥

सप्तरात्रि जो जापहिं नामा।
वाको पूरन हो सब कामा॥
नव दिन जाप करे जो कोई।
व्याधि रहित ताकर तन होई॥

ध्यान करै जो बन्ध्या नारी।
पावै पुत्रादिक फल चारी॥
प्रातः सायं अरु मध्याना।
धरे ध्यान होवै कल्याना॥

कहँ लगि महिमा कहौं तिहारी।
नाम सदा शुभ मंगलकारी॥
पाठ करै जो नित्य चालीसा।
तेहि पर कृपा करहिं गौरीशा॥

॥ दोहा ॥

सन्तशरण को तनय हूँ, कुलपति मिश्र सुनाम।
हरिद्वार मण्डल बसूँ, धाम हरिपुर ग्राम॥

उन्नीस सौ पिचानबे सन् की, श्रावण शुक्ला मास।
चालीसा रचना कियौं, तव चरणन को दास॥

अन्नपूर्णा चालीसा

॥ दोहा ॥

विश्वेश्वर-पदपदम की, रज-निज शीश-लगाय।
अन्नपूर्णे! तव सुयश, बरनौं कवि-मतिलाय॥

॥ चौपाई ॥

नित्य आनन्द करिणी माता।
वर-अरु अभय भाव प्रख्याता॥
जय! सौंदर्य सिन्धु जग-जननी।
अखिल पाप हर भव-भय हरनी॥

श्वेत बदन पर श्वेत बसन पुनि।
सन्तन तुव पद सेवत ऋषिमुनि॥
काशी पुराधीश्वरी माता।
माहेश्वरी सकल जग-त्राता॥

बृषभारुढ़ नाम रुद्राणी।
विश्व विहारिणि जय! कल्याणी॥
पदिदेवता सुतीत शिरोमनि।
पदवी प्राप्त कीह्न गिरि-नंदिनि॥

पति विछोह दुख सहि नहि पावा।
योग अग्नि तब बदन जरावा॥
देह तजत शिव-चरण सनेहू।
राखेहु जाते हिमगिरि-गेहू॥

प्रकटी गिरिजा नाम धरायो।
अति आनन्द भवन मँह छायो॥
नारद ने तब तोहिं भरमायहु।
ब्याह करन हित पाठ पढ़ायहु॥

ब्रह्मा-वरुण-कुबेर गनाये।
देवराज आदिक कहि गाय॥
सब देवन को सुजस बखानी।
मतिपलटन की मन मँह ठानी॥

अचल रहीं तुम प्रण पर धन्या।
कीह्नी सिद्ध हिमाचल कन्या॥
निज कौ तव नारद घबराये।
तब प्रण-पूरण मंत्र पढ़ाये॥

करन हेतु तप तोहिं उपदेशेउ।
सन्त-बचन तुम सत्य परेखेहु॥
गगनगिरा सुनि टरी न टारे।
ब्रह्मा, तब तुव पास पधारे॥

कहेउ पुत्रि वर माँगु अनूपा।
देहुँ आज तुव मति अनुरुपा॥
तुम तप कीन्ह अलौकिक भारी।
कष्ट उठायेहु अति सुकुमारी॥

अब संदेह छाँड़ि कछु मोसों।
है सौगंध नहीं छल तोसों॥
करत वेद विद ब्रह्मा जानहु।
वचन मोर यह सांचो मानहु॥

तजि संकोच कहहु निज इच्छा।
देहौं मैं मन मानी भिक्षा॥
सुनि ब्रह्मा की मधुरी बानी।
मुखसों कछु मुसुकायि भवानी॥

बोली तुम का कहहु विधाता।
तुम तो जगके स्त्रष्टाधाता॥
मम कामना गुप्त नहिं तोंसों।
कहवावा चाहहु का मोसों॥

इज्ञ यज्ञ महँ मरती बारा।
शंभुनाथ पुनि होहिं हमारा॥
सो अब मिलहिं मोहिं मनभाय।
कहि तथास्तु विधि धाम सिधाये॥

तब गिरिजा शंकर तव भयऊ।
फल कामना संशय गयऊ॥
चन्द्रकोटि रवि कोटि प्रकाशा।
तब आनन महँ करत निवासा॥

माला पुस्तक अंकुश सोहै।
करमँह अपर पाश मन मोहे॥
अन्नपूर्णे! सदपूर्णे।
अज-अनवद्य अनन्त अपूर्णे॥

कृपा सगरी क्षेमंकरी माँ।
भव-विभूति आनन्द भरी माँ॥
कमल बिलोचन विलसित बाले।
देवि कालिके! चण्डि कराले॥

तुम कैलास मांहि है गिरिजा।
विलसी आनन्दसाथ सिन्धुजा॥
स्वर्ग-महालक्ष्मी कहलायी।
मर्त्य-लोक लक्ष्मी पदपायी॥

विलसी सब मँह सर्व सरुपा।
सेवत तोहिं अमर पुर-भूपा॥
जो पढ़िहहिं यह तुव चालीसा।
फल पइहहिं शुभ साखी ईसा॥

प्रात समय जो जन मन लायो।
पढ़िहहिं भक्त्ति सुरुचि अघिकायो॥
स्त्री-कलत्र पति मित्र-पुत्र युत।
परमैश्वर्य लाभ लहि अद्भुत॥

राज विमुखको राज दिवावै।
जस तेरो जन-सुजस बढ़ावै॥
पाठ महा मुद मंगल दाता।
भक्त मनो वांछित निधिपाता॥

॥ दोहा ॥

जो यह चालीसा सुभग, पढ़ि नावहिंगे माथ।
तिनके कारज सिद्ध सब, साखी काशी नाथ॥

नर्मदा चालीसा

॥ दोहा ॥

देवि पूजिता नर्मदा, महिमा बड़ी अपार।
चालीसा वर्णन करत, कवि अरु भक्त उदार॥

इनकी सेवा से सदा, मिटते पाप महान।
तट पर कर जप दान नर, पाते हैं नित ज्ञान॥

॥ चौपाई ॥

जय-जय-जय नर्मदा भवानी।
तुम्हरी महिमा सब जग जानी॥
अमरकण्ठ से निकलीं माता।
सर्व सिद्धि नव निधि की दाता॥

कन्या रूप सकल गुण खानी।
जब प्रकटीं नर्मदा भवानी॥
सप्तमी सूर्य मकर रविवारा।
अश्वनि माघ मास अवतारा॥

वाहन मकर आपको साजैं।
कमल पुष्प पर आप विराजैं॥
ब्रह्मा हरि हर तुमको ध्यावैं।
तब ही मनवांछित फल पावैं॥

दर्शन करत पाप कटि जाते।
कोटि भक्त गण नित्य नहाते॥
जो नर तुमको नित ही ध्यावै।
वह नर रुद्र लोक को जावैं॥

मगरमच्छ तुम में सुख पावैं।
अन्तिम समय परमपद पावैं॥
मस्तक मुकुट सदा ही साजैं।
पांव पैंजनी नित ही राजैं॥

कल-कल ध्वनि करती हो माता।
पाप ताप हरती हो माता॥
पूरब से पश्चिम की ओरा।
बहतीं माता नाचत मोरा॥

शौनक ऋषि तुम्हरौ गुण गावैं।
सूत आदि तुम्हरौ यश गावैं॥
शिव गणेश भी तेरे गुण गावैं।
सकल देव गण तुमको ध्यावैं॥

कोटि तीर्थ नर्मदा किनारे।
ये सब कहलाते दुःख हारे॥
मनोकामना पूरण करती।
सर्व दुःख माँ नित ही हरतीं॥

कनखल में गंगा की महिमा।
कुरुक्षेत्र में सरस्वती महिमा॥
पर नर्मदा ग्राम जंगल में।
नित रहती माता मंगल में॥

एक बार करके असनाना।
तरत पीढ़ी है नर नारा॥
मेकल कन्या तुम ही रेवा।
तुम्हरी भजन करें नित देवा॥

जटा शंकरी नाम तुम्हारा।
तुमने कोटि जनों को तारा॥
समोद्भवा नर्मदा तुम हो।
पाप मोचनी रेवा तुम हो॥

तुम महिमा कहि नहिं जाई।
करत न बनती मातु बड़ाई॥
जल प्रताप तुममें अति माता।
जो रमणीय तथा सुख दाता॥

चाल सर्पिणी सम है तुम्हारी।
महिमा अति अपार है तुम्हारी॥
तुम में पड़ी अस्थि भी भारी।
छुवत पाषाण होत वर वारी॥

यमुना में जो मनुज नहाता।
सात दिनों में वह फल पाता॥
सरसुति तीन दिनों में देतीं।
गंगा तुरत बाद ही देतीं॥

पर रेवा का दर्शन करके।
मानव फल पाता मन भर के॥
तुम्हरी महिमा है अति भारी।
जिसको गाते हैं नर-नारी॥

जो नर तुम में नित्य नहाता।
रुद्र लोक मे पूजा जाता॥
जड़ी बूटियां तट पर राजें।
मोहक दृश्य सदा ही साजें॥

वायु सुगन्धित चलती तीरा।
जो हरती नर तन की पीरा॥
घाट-घाट की महिमा भारी।
कवि भी गा नहिं सकते सारी॥

नहिं जानूँ मैं तुम्हरी पूजा।
और सहारा नहीं मम दूजा॥
हो प्रसन्न ऊपर मम माता।
तुम ही मातु मोक्ष की दाता॥

जो मानव यह नित है पढ़ता।
उसका मान सदा ही बढ़ता॥
जो शत बार इसे है गाता।
वह विद्या धन दौलत पाता॥

अगणित बार पढ़ै जो कोई।
पूरण मनोकामना होई॥
सबके उर में बसत नर्मदा।
यहां वहां सर्वत्र नर्मदा॥

॥ दोहा ॥

भक्ति भाव उर आनि के, जो करता है जाप।
माता जी की कृपा से, दूर होत सन्ताप॥

शारदा चालीसा

॥ दोहा ॥

मूर्ति स्वयंभू शारदा, मैहर आन विराज।
माला, पुस्तक, धारिणी, वीणा कर में साज॥

॥ चौपाई ॥

जय जय जय शारदा महारानी।
आदि शक्ति तुम जग कल्याणी॥
रूप चतुर्भुज तुम्हरो माता।
तीन लोक महं तुम विख्याता॥

दो सहस्त्र बर्षहि अनुमाना।
प्रगट भई शारद जग जाना॥
मैहर नगर विश्व विख्याता।
जहाँ बैठी शारद जग माता॥

त्रिकूट पर्वत शारदा वासा।
मैहर नगरी परम प्रकाशा॥
शरद इन्दु सम बदन तुम्हारो।
रूप चतुर्भुज अतिशय प्यारो॥

कोटि सूर्य सम तन द्युति पावन।
राज हंस तुम्हारो शचि वाहन॥
कानन कुण्डल लोल सुहावहि।
उरमणि भाल अनूप दिखावहिं॥

वीणा पुस्तक अभय धारिणी।
जगत्मातु तुम जग विहारिणी॥
ब्रह्म सुता अखंड अनूपा।
शारद गुण गावत सुरभूपा॥

हरिहर करहिं शारदा बन्दन।
बरुण कुबेर करहिं अभिनन्दन॥
शारद रूप चण्डी अवतारा।
चण्ड-मुण्ड असुरन संहारा॥

महिषा सुर वध कीन्हि भवानी।
दुर्गा बन शारद कल्याणी॥
धरा रूप शारद भई चण्डी।
रक्त बीज काटा रण मुण्डी॥

तुलसी सूर्य आदि विद्वाना।
शारद सुयश सदैव बखाना॥
कालिदास भए अति विख्याता।
तुम्हारी दया शारदा माता॥

वाल्मीक नारद मुनि देवा।
पुनि-पुनि करहिं शारदा सेवा॥
चरण-शरण देवहु जग माया।
सब जग व्यापहिं शारद माया॥

अणु-परमाणु शारदा वासा।
परम शक्तिमय परम प्रकाशा॥
हे शारद तुम ब्रह्म स्वरूपा।
शिव विरंचि पूजहिं नर भूपा॥

ब्रह्म शक्ति नहि एकउ भेदा।
शारद के गुण गावहिं वेदा॥
जय जग बन्दनि विश्व स्वरुपा।
निर्गुण-सगुण शारदहिं रुपा॥

सुमिरहु शारद नाम अखंडा।
व्यापइ नहिं कलिकाल प्रचण्डा॥
सूर्य चन्द्र नभ मण्डल तारे।
शारद कृपा चमकते सारे॥

उद्भव स्थिति प्रलय कारिणी।
बन्दउ शारद जगत तारिणी॥
दुःख दरिद्र सब जाहिं नसाई।
तुम्हारी कृपा शारदा माई॥

परम पुनीति जगत अधारा।
मातु शारदा ज्ञान तुम्हारा॥
विद्या बुद्धि मिलहिं सुखदानी।
जय जय जय शारदा भवानी॥

शारदे पूजन जो जन करहीं।
निश्चय ते भव सागर तरहीं॥
शारद कृपा मिलहिं शुचि ज्ञाना।
होई सकल विधि अति कल्याणा॥

जग के विषय महा दुःख दाई।
भजहुँ शारदा अति सुख पाई॥
परम प्रकाश शारदा तोरा।
दिव्य किरण देवहुँ मम ओरा॥

परमानन्द मगन मन होई।
मातु शारदा सुमिरई जोई॥
चित्त शान्त होवहिं जप ध्याना।
भजहुँ शारदा होवहिं ज्ञाना॥

रचना रचित शारदा केरी।
पाठ करहिं भव छटई फेरी॥
सत्-सत् नमन पढ़ीहे धरिध्याना।
शारद मातु करहिं कल्याणा॥

शारद महिमा को जग जाना।
नेति-नेति कह वेद बखाना॥
सत्-सत् नमन शारदा तोरा।
कृपा दृष्टि कीजै मम ओरा॥

जो जन सेवा करहिं तुम्हारी।
तिन कहँ कतहुँ नाहि दुःखभारी॥
जो यह पाठ करै चालीसा।
मातु शारदा देहुँ आशीषा॥

॥ दोहा ॥

बन्दउँ शारद चरण रज, भक्ति ज्ञान मोहि देहुँ।
सकल अविद्या दूर कर, सदा बसहु उरगेहुँ॥

जय-जय माई शारदा, मैहर तेरौ धाम।
शरण मातु मोहिं लीजिए, तोहि भजहुँ निष्काम॥

शाखंभरी चालीसा

॥ दोहा ॥

बन्दउ माँ शाकम्भरी, चरणगुरु का धरकर ध्यान।
शाकम्भरी माँ चालीसा का, करे प्रख्यान॥

आनन्दमयी जगदम्बिका, अनन्त रूप भण्डार।
माँ शाकम्भरी की कृपा, बनी रहे हर बार॥

॥ चौपाई ॥

शाकम्भरी माँ अति सुखकारी।
पूर्ण ब्रह्म सदा दुःख हारी॥
कारण करण जगत की दाता।
आनन्द चेतन विश्व विधाता॥

अमर जोत है मात तुम्हारी।
तुम ही सदा भगतन हितकारी॥
महिमा अमित अथाह अर्पणा।
ब्रह्म हरि हर मात अर्पणा॥

ज्ञान राशि हो दीन दयाली।
शरणागत घर भरती खुशहाली॥
नारायणी तुम ब्रह्म प्रकाशी।
जल-थल-नभ हो अविनाशी॥

कमल कान्तिमय शान्ति अनपा।
जोत मन मर्यादा जोत स्वरुपा॥
जब जब भक्तों ने है ध्याई।
जोत अपनी प्रकट हो आई॥

प्यारी बहन के संग विराजे।
मात शताक्षि संग ही साजे॥
भीम भयंकर रूप कराली।
तीसरी बहन की जोत निराली॥

चौथी बहिन भ्रामरी तेरी।
अद्भुत चंचल चित्त चितेरी॥
सम्मुख भैरव वीर खड़ा है।
दानव दल से खूब लड़ा है॥

शिव शंकर प्रभु भोले भण्डारी।
सदा शाकम्भरी माँ का चेरा॥
हाथ ध्वजा हनुमान विराजे।
युद्ध भूमि में माँ संग साजे॥

काल रात्रि धारे कराली।
बहिन मात की अति विकराली॥
दश विद्या नव दुर्गा आदि।
ध्याते तुम्हें परमार्थ वादि॥

अष्ट सिद्धि गणपति जी दाता।
बाल रूप शरणागत माता॥
माँ भण्डारे के रखवारी।
प्रथम पूजने के अधिकारी॥

जग की एक भ्रमण की कारण।
शिव शक्ति हो दुष्ट विदारण॥
भूरा देव लौकड़ा दूजा।
जिसकी होती पहली पूजा॥

बली बजरंगी तेरा चेरा।
चले संग यश गाता तेरा॥
पाँच कोस की खोल तुम्हारी।
तेरी लीला अति विस्तारी॥

रक्त दन्तिका तुम्हीं बनी हो।
रक्त पान कर असुर हनी हो॥
रक्त बीज का नाश किया था।
छिन्न मस्तिका रूप लिया था॥

सिद्ध योगिनी सहस्या राजे।
सात कुण्ड में आप विराजे॥
रूप मराल का तुमने धारा।
भोजन दे दे जन जन तारा॥

शोक पात से मुनि जन तारे।
शोक पात जन दुःख निवारे॥
भद्र काली कमलेश्वर आई।
कान्त शिवा भगतन सुखदाई॥

भोग भण्डारा हलवा पूरी।
ध्वजा नारियल तिलक सिंदुरी॥
लाल चुनरी लगती प्यारी।
ये ही भेंट ले दुःख निवारी॥

अंधे को तुम नयन दिखाती।
कोढ़ी काया सफल बनाती॥
बाँझन के घर बाल खिलाती।
निर्धन को धन खूब दिलाती॥

सुख दे दे भगत को तारे।
साधु सज्जन काज संवारे॥
भूमण्डल से जोत प्रकाशी।
शाकम्भरी माँ दुःख की नाशी॥

मधुर मधुर मुस्कान तुम्हारी।
जन्म जन्म पहचान हमारी॥
चरण कमल तेरे बलिहारी।
जै जै जै जग जननी तुम्हारी॥

कान्ता चालीसा अति सुखकारी।
संकट दुःख दुविधा सब टारी॥
जो कोई जन चालीसा गावे।
मात कृपा अति सुख पावे॥

कान्ता प्रसाद जगाधरी वासी।
भाव शाकम्भरी तत्व प्रकाशी॥
बार बार कहें कर जोरी।
विनती सुन शाकम्भरी मोरी॥

मैं सेवक हूँ दास तुम्हारा।
जननी करना भव निस्तारा॥
यह सौ बार पाठ करे कोई।
मातु कृपा अधिकारी सोई॥

संकट कष्ट को मात निवारे।
शोक मोह शत्रु न संहारे॥
निर्धन धन सुख सम्पत्ति पावे।
श्रद्धा भक्ति से चालीसा गावे॥

नौ रात्रों तक दीप जगावे।
सपरिवार मगन हो गावे॥
प्रेम से पाठ करे मन लाई।
कान्त शाकम्भरी अति सुखदाई॥

॥ दोहा ॥

दुर्गा सुर संहारणि, करणि जग के काज।
शाकम्भरी जननि शिवे, रखना मेरी लाज॥

युग युग तक व्रत तेरा, करे भक्त उद्धार।
वो ही तेरा लाड़ला, आवे तेरे द्वार॥

माँ गायत्री चालीसा

॥ दोहा ॥

ह्रीं श्रीं क्लीं मेधा प्रभा जीवन ज्योति प्रचंड ॥
शांति कांति जागृत प्रगति रचना शक्ति अखंड ॥
1 ॥

जगत जननी मंगल करनि गायत्री सुखधाम ।
प्रणवों सावित्री स्वधा स्वाहा पूरन काम ॥ २॥

भूर्भुवः स्वः ॐ युत जननी ।
गायत्री नित कलिमल दहनी ॥
अक्षर चौबीस परम पुनीता ।
इनमें बसें शास्त्र श्रुति गीता ॥

शाश्वत सतोगुणी सत रूपा ।
सत्य सनातन सुधा अनूपा ॥
हंसारूढ श्वेतांबर धारी ।
स्वर्ण कांति शुचि गगन-बिहारी ॥

पुस्तक पुष्प कमंडलु माला ।
शुभ्र वर्ण तनु नयन विशाला ॥
ध्यान धरत पुलकित हित होई ।
सुख उपजत दुख दुर्मति खोई ॥

कामधेनु तुम सुर तरु छाया ।
निराकार की अद्भुत माया ॥
तुम्हरी शरण गहै जो कोई ।
तरै सकल संकट सों सोई ॥

सरस्वती लक्ष्मी तुम काली ।
दिपै तुम्हारी ज्योति निराली ॥
तुम्हरी महिमा पार न पावैं ।
जो शारद शत मुख गुन गावैं ॥

चार वेद की मात पुनीता ।
तुम ब्रह्माणी गौरी सीता ॥
महामंत्र जितने जग माहीं ।
कोउ गायत्री सम नाहीं ॥

सुमिरत हिय में ज्ञान प्रकासै ।
आलस पाप अविद्या नासै ॥
सृष्टि बीज जग जननि भवानी ।
कालरात्रि वरदा कल्याणी ॥

ब्रह्मा विष्णु रुद्र सुर जेते ।
तुम सों पावें सुरता तेते ॥
तुम भक्तन की भक्त तुम्हारे ।
जननिहिं पुत्र प्राण ते प्यारे ॥

महिमा अपरम्पार तुम्हारी ।
जय जय जय त्रिपदा भयहारी ॥
पूरित सकल ज्ञान विज्ञाना ।
तुम सम अधिक न जगमें आना ॥

तुमहिं जानि कछु रहै न शेषा ।
तुमहिं पाय कछु रहै न क्लेसा ॥
जानत तुमहिं तुमहिं व्है जाई ।
पारस परसि कुधातु सुहाई ॥

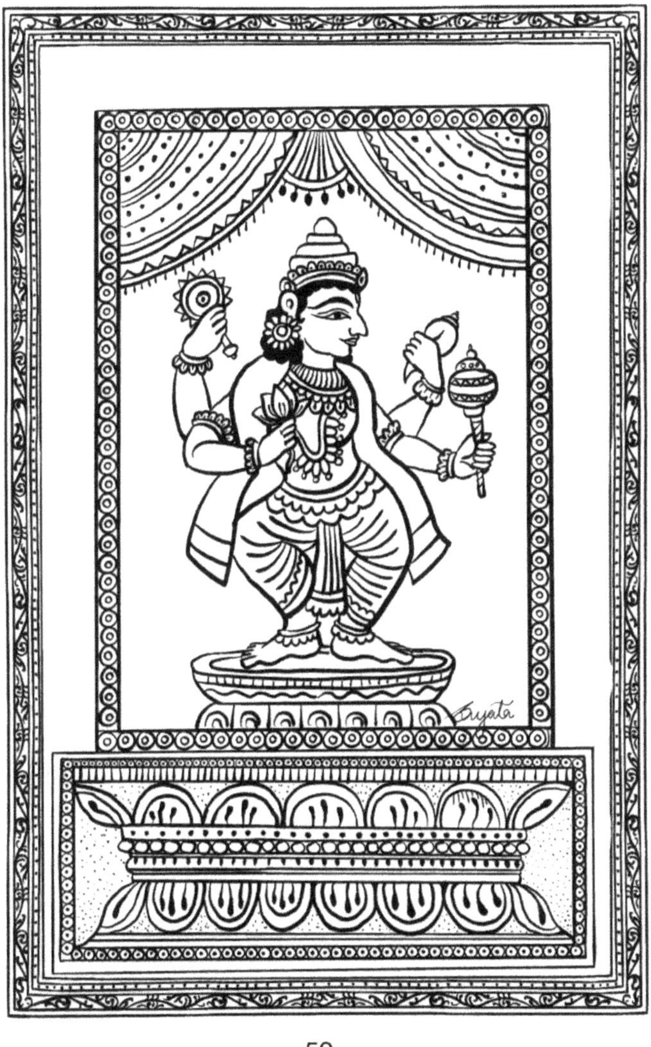

तुम्हरी शक्ति दिपै सब ठाई ।
माता तुम सब ठौर समाई ॥
ग्रह नक्षत्र ब्रह्मांड घनेरे ।
सब गतिवान तुम्हारे प्रेरे ॥

सकल सृष्टि की प्राण विधाता ।
पालक पोषक नाशक त्राता ॥
मातेश्वरी दया व्रत धारी ।
तुम सन तरे पातकी भारी ॥

जापर कृपा तुम्हारी होई ।
तापर कृपा करें सब कोई ॥
मंद बुद्धि ते बुधि बल पावें ।
रोगी रोग रहित हो जावें ॥

दरिद्र मिटै कटै सब पीरा ।
नाशै दुख हरै भव भीरा ॥
गृह क्लेश चित चिंता भारी ।
नासै गायत्री भय हारी ॥

संतति हीन सुसंतति पावें ।
सुख संपति युत मोद मनावें ॥
भूत पिशाच सबै भय खावें ।
यम के दूत निकट नहिं आवें ॥

जो सधवा सुमिरें चित लाई ।
अछत सुहाग सदा सुखदाई ॥
घर वर सुख प्रद लहैं कुमारी ।
विधवा रहें सत्य व्रत धारी ॥

जयति जयति जगदंब भवानी ।
तुम सम ओर दयालु न दानी ॥
जो सतगुरु सो दीक्षा पावे ।
सो साधन को सफल बनावे ॥

सुमिरन करे सुरूचि बडभागी ।
लहै मनोरथ गृही विरागी ॥
अष्ट सिद्धि नवनिधि की दाता ।
सब समर्थ गायत्री माता ॥

ऋषि मुनि यती तपस्वी योगी ।
आरत अर्थी चिंतित भोगी ॥
जो जो शरण तुम्हारी आवें ।
सो सो मन वांछित फल पावें ॥

बल बुधि विद्या शील स्वभाउ ।
धन वैभव यश तेज उछाउ ॥
सकल बढें उपजें सुख नाना ।
जे यह पाठ करै धरि ध्याना ॥

यह चालीसा भक्ति युत पाठ करै जो कोई ।
तापर कृपा प्रसन्नता गायत्री की होय ॥

www.ingramcontent.com/pod-product-compliance
Lightning Source LLC
LaVergne TN
LVHW072312081026
849580LV00029B/1639